Keith Smith

Hauskirchen-Manifest
für Deutschland

W0047697

KEITH SMITH

Hauskirchen-Manifest für Deutschland

Warum wir heute einfache organische
Gemeinden brauchen und wie diese funktionieren

GLORYWORLD-MEDIEN

1. Auflage 2009

© 2009 by Keith Smith

© der deutschen Ausgabe 2009 GloryWorld-Medien, Bruchsal, Germany

Alle Rechte vorbehalten

Bibelzitate sind, falls nicht anders gekennzeichnet, der Elberfelder Bibel, Revidierte Fassung von 1985, entnommen.

Das Buch folgt den Regeln der Deutschen Rechtschreibreform. Die Bibelzitate wurden diesen Rechtschreibregeln angepasst.

Übersetzung/Satz: Manfred Mayer
Umschlaggestaltung: Kerstin & Karl Gerd Striepecke, www.vision-c.de
Foto: istockphoto
Druck: Schönbach-Druck GmbH, Erzhausen

Printed in Germany

ISBN: 978-3-936322-38-5

Bestellnummer: 359238

Erhältlich beim Verlag:

> GloryWorld-Medien
> Postfach 4170
> D-76625 Bruchsal
> Tel.: 07257-903396
> Fax: 07257-903398
> info@gloryworld.de
> **www.gloryworld.de**

oder in jeder Buchhandlung

Inhalt

Einführung

Kurz nach Ostern 2008 fragte mich ein Freund, ob ich – angesichts so vieler verschiedener Ausdrucksformen von Hauskirche – nicht eine Art Manifest schreiben könne, mit dem sich alle identifizieren könnten: ein stärkerer Weg nach vorne für die Hauskirchenbewegung im deutschsprachigen Raum.

Anfang der 1970er Jahre engagierte ich mich als neubekehrter Christ relativ bald in der damals am schnellsten wachsenden christlichen Bewegung Englands: kleine Treffen von Christen, die nicht in speziellen Gebäuden, sondern in der persönlichen Atmosphäre von Privathäusern oder -wohnungen stattfanden. Die Mehrheit dieser Gruppen verließ allerdings im Lauf der Zeit die Vertrautheit ihrer einfachen Anfänge. Sie entwickelten sich zu Gemeinden im traditionellen Stil, den so genannten „Neuen Gemeinden". Viele dieser Gemeinden versuchten zwar die Vertrautheit der häuslichen Treffen zu wahren, doch leider ohne Erfolg. Der Schwerpunkt verlagerte sich nun immer mehr auf die großen Treffen und auf die Dienste, die entstanden, um die Treffen zu leiten.

Einige hatten jedoch verstanden, dass die kleineren Treffen dynamischer waren und dass der Herr uns zu einer echten und tiefen Liebe und Hingabe berief. Ein Blick in die Kirchengeschichte zeigte uns schnell, dass „Hauskirchen" nicht etwa eine neue Sache der 1970er Jahre waren, sondern eine Wiederentdeckung des ursprünglichen, neutestamentlichen Gemeindemodells, das bis zum Ende des vierten Jahrhunderts mehr oder weniger ausgestorben war. Trotzdem gab es während der gesamten Kirchengeschichte Gruppen von Christen, die sich in kleineren, menschenfreundlicheren Gruppen trafen. Als wir uns dann noch weiter erkundigten, entdeckten wir, dass Gott überall auf der Welt sein Volk dazu aufrief, sich wieder „von Haus zu Haus" zu treffen. In einigen Ländern wie China, Indien und Teilen Südamerikas sind diese Gemeinden zu gewaltigen Trägern des Gemeindewachstums geworden.

Heute sind es die Hausgemeinden und die pfingstlichen bzw. charismatischen Gemeinden, die weltweit ein exponentielles Wachstum erleben, während andere Kirchen und Gemeinden im Niedergang begriffen sind oder sich gerade so behaupten. Viele, die damals zu den ersten Hausgemeinden in England gehört hatten, verlassen heute ihre „Neuen Gemeinden" und suchen wieder die Vertrautheit der Gemeinde im Haus.

Die Statistiker George Barna (USA) und Alan Jamieson (Neuseeland) haben beide größere Untersuchungen angestellt, aus denen hervorgeht, dass die Mehrheit derer, die die traditionellen Gemeinden verlassen, sich nun in Häusern treffen und weit davon entfernt sind, Gott zu verlassen. Oftmals sagen sie, sie würden das tun, um „ihren Glauben zu bewahren". Das bestätigt, was mein guter Freund Jim Rutz in seinem Buch „Megashift" sagt.

Diese Bewegung ist inzwischen so weit gediehen, dass sie auch von der Allgemeinheit als vollgültiger Ausdruck von Gemeinde gesehen und anerkannt werden sollte.

Vor kurzem besuchte mich eine Frau, die mir sagte, sie habe alle Religionen aufgegeben, nachdem sie verschiedene davon ausprobiert hatte. Ich sagte ihr, dass jede Religion ein Versuch sei, mit dem Menschen ihren Weg zu Gott, zum Himmel, zur Vollkommenheit oder was auch immer finden wollten. Meist gehe es dabei um gewisse Werke, die man tun müsse: anständig sein, beten, Wallfahrten unternehmen usw. Dabei würden wir aber selbst bei diesen Dingen noch scheitern. Ich sagte ihr, dass Gott nur in Jesus Christus zu den Menschen herabgekommen sei, und dass Gott uns schon geliebt habe, als wir noch Sünder waren (versagten). Ich sagte ihr auch, Gottes Liebe zu uns hinge nicht von unseren guten Werken ab, sondern lediglich von seiner eigenen Liebe, und er habe, weil er uns so liebte, den Preis für unsere Sünden und unser kaputtes Leben bezahlt, indem er für uns starb und uns die Möglichkeit eines neuen Lebens in ihm eröffnete.

Sie wurde ganz aufgeregt und verstand sofort, was ich sagte. Sie wollte wissen, wie sie Jesus kennenlernen konnte. Als ich dann fortfuhr und ihr die Gemeinde beschrieb, die sich in unserem Haus trifft, wo es außer Jesus keinen Leiter gibt und wo wir uns einfach nur treffen und zusammen mit ihm unser Leben teilen, wurde sie noch begeisterter und fragte, wo sie eine solche Gruppe wie diese treffen könne. Es war so deutlich, dass für diese junge Frau weder Religion noch traditionelle Formen der Kirche irgendeine Bedeutung hatten. Sie war geistlich leer und suchte nach der Realität; sie fand sie, aber nicht in einem Gebäude, Programm oder einer Institution, sondern in der Person Jesu und in seinem Leib auf dieser Erde in Form einer Hausgemeinde am Ort.

Dieses Manifest ist ein Versuch, aufzuzeigen, was Hauskirchen sind und wie sie funktionieren, wie sie gegründet werden, wachsen und miteinander in Beziehung stehen, und welche Leitung es braucht, damit sie funktionieren können.

Bei dem Wort „Manifest" denken wir oft an jene visionären Aussagen, die politische Parteien vor einer Wahl herausgeben. Ein geistliches Manifest ist ebenfalls ein visionäres Dokument, aber es geht dabei um eine prophetische Analyse unter Gottes Leitung.

Vor diesem Hintergrund möchte ich drei Fragen beantworten:

1. Warum Hauskirche?
2. Warum Deutschland?
3. Warum jetzt?

KAPITEL 1

Warum jetzt Hauskirchen in Deutschland?

1. Warum Hauskirche?

Ich muss hier zunächst noch einmal betonen, dass ich mit Hauskirche bzw. Hausgemeinde keinesfalls einen Ort beschreibe, an dem sich eine Gemeinde trifft, sondern stattdessen ihre Größe und ihre Vertrautheit. Genau diese Größe und Vertrautheit sind es, die wahrscheinlich auch die beste Antwort auf obige Frage sind.

Überall auf der Welt sehen wir, dass traditionelle Formen des Gemeindelebens im Niedergang begriffen sind. Es gibt nur drei Bereiche der Gemeinde, die wirklich Wachstum erleben: die charismatischen Gemeinden, die sogenannten „Emerging Churches" und schließlich die Hausgemeinden oder Hauskirchen. Die charismatischen Gemeinden haben größtenteils traditionelle Strukturen und Programme, dabei aber meist eine lebendige Anbetung und starke Predigten. Diese Gemeinden, die sich oft zu Megagemeinden entwickeln, bieten ihren Mitgliedern eine Menge an oberflächlichem Leben; es gelingt ihnen aber kaum, echte Intimität und Tiefe hervorzubringen.

Ihre Programme bieten Aktivitäten ohne echte Beziehung, und viele haben Kontroll- und Missbrauchsprobleme, weil es an biblischen Strukturen und einem verantwortlichen Umgang miteinander mangelt.

Die „Emerging Churches" („im Entstehen begriffene Gemeinden") sind eine pragmatische Antwort auf die von vielen so empfundene fehlende Relevanz der Kirche. Sie können eine beliebige Größe, beliebige Struktur und – viele würden sogar sagen – beliebige Lehre haben. Sie tendieren zu einem echt liberalen, protestantischen Standpunkt, wobei es auch eine Offenheit für gewisse katholischen Gedanken gibt. Das ist sowohl ihre Stärke als auch ihre Schwäche. Sie sind besonders für jene attraktiv, die geistlich auf der Suche sind. Da sie aber nicht klar definiert sind, führt das bei ihren Mitgliedern oft zu einer Unsicherheit und schließlich Unzufriedenheit. Häufig ist dies dann ein Schritt auf dem Weg zu unserer letzten Gruppe, den Hauskirchen.

Seit den Anfängen der Kirche, wie es in der Apostelgeschichte beschrieben wird, und auch während der gesamten Kirchengeschichte gab es immer auch Gemeinden, die sich in Häusern trafen. Zu den biblischen Zeiten war dies die einzige Form des Gemeindelebens. Später, als die Kirche die institutionelle Form annahm, die sie heute hat, gab es immer noch Leute, die ein tieferes Leben in eher vertrauteren Gruppen fanden. Dies setzte sich bis zu den späten 1960er und frühen 1970er Jahren fort, als in Großbritannien die Gemeinde im Haus wiederentdeckt wurde. Wie schon gesagt, verlor diese Bewegung dann an Lebendigkeit und nahm eher traditionelle Züge an.

Überall auf der Welt haben jedoch diejenigen, die ein tieferes und konsequenteres Leben mit dem Herrn und ihren geistlichen Geschwistern suchen, in Hauskirchen ein Zuhause gefunden. Gleichzeitig kommen neue Gläubige zu diesen Gruppen und finden dort ein starkes, relevantes und lebendiges Gemeindeleben außerhalb der traditionellen Gemeindeformen und somit ein echtes Zuhause. Dies hat zu mächtigen Erweckungen in China, Indien und vielen anderen Ländern geführt, einschließlich islamischer Bollwerke wie z. B. dem Iran. Die Hausgemeinde ist heute die am schnellsten wachsende Form von Gemeinde auf der Welt. In seinem Buch „Megashift" geht Jim Rutz davon aus, dass innerhalb der nächsten 25 Jahre die Mehrheit der Christen auf der Welt Gemeinden angehören werden, die sich in Häusern treffen. Weshalb also Hauskirche? Weil es die von Gott verfügte Zukunft der Gemeinde ist. Er hat seine Gemeinde zurück in die Hände seines Volkes gegeben. Dies ist sein Weg in die Zukunft.

Warum Deutschland?

Das Evangelium ist in Deutschland schon seit den frühesten Zeiten der Kirche existent und am Wirken. Wie bei anderen keltischen Ländern kann man mit großer Sicherheit davon ausgehen, dass das Evangelium hier zuerst zusammen mit den römischen Legionären ankam, aber erst später durch die keltischen Heiligen in vollem Umfang verbreitet wurde.

Tief im Herzen der Deutschen gibt es etwas, was nach Wahrheit und Sinn sucht. Im Christentum fanden sie, was sie gesucht hatten, und über tausend Jahre lang hielt dies Deutschland im Zentrum der Weltgeschichte und war zweifellos auch der Grund, weshalb die protestantische Reformation von Deutschland ausging, die schließlich ganz Nordeuropa erfasste. In den letzten Jahrhunderten führte diese Suche nach Wahrheit und Sinn Deutschland jedoch in die Irre: zum einen in den Humanismus und zum anderen in den Wahnsinn des Nationalsozialismus. In den sechzig Jahren seit dem Krieg hat Deutschland hart daran gearbeitet, seine Identität in der Welt wiederzufinden. Wirtschaftlich war es sehr erfolgreich, aber erst in den letzten Jahren hat Deutschland es wieder gewagt, seinem nationalen Selbstbewusstsein Ausdruck zu verleihen und seinen Platz auf der Weltbühne einzunehmen. Neben diesem neuen Selbstbewusstsein fangen die Deutschen von neuem an, ihrer Suche nach Wahrheit und Sinn nachzugehen, aber nun vor dem Hintergrund eines ganz anderen, post-christlichen Umfelds – eines Umfelds, in dem der säkulare Humanismus und der Islam an Bedeutung gewonnen haben.

Warum jetzt?

Deutschland steht an der Schwelle zu einer großen neuen Zukunft, und mit seinem Hunger nach Wahrheit und Sinn ist es geradezu prädestiniert, ganz Europa in eine neue christliche Erweckung zu führen, die sogar die protestantische Erweckung der Vergangenheit übertreffen wird.

Ich habe bereits gesagt, dass Deutschland wieder Antworten auf seine uralten Fragen sucht, aber nun aus einer völlig anderen Perspektive heraus. Die Spinnweben der Tradition, die über den institutionellen Kirchen hängen, sind nicht mehr attraktiv und wurden schon lange als irrelevant verworfen.

Eine schlecht kontrollierte Einwanderung sowie das Versagen dieser neuen Deutschen, sich dem Hauptstrom der Gesellschaft anzupassen, führt zu weiteren Unsicherheiten.

Der Humanismus wurde zum Ersatz und lässt uns vieles in einem anderen Licht sehen. Bilder aus der Vergangenheit, als deutsche Übermenschen Europa durchquerten, werden zu Recht abgetan (und sogar gefürchtet). Die nächsten Schritte müssen auf einer menschlicheren Ebene geschehen, auf einer für alle zugänglichen Ebene. Nach vier Generationen zerrissener Familien und immer stärker entfremdeter Jugendlicher ist jetzt die Zeit gekommen, die Familie und damit einhergehend unsere echten geistlichen Werte wiederzugewinnen. Jetzt ist die Zeit!

Weshalb Hauskirche?

Es ist der beste Ausdruck von Gottes Familie.

Weshalb Deutschland?

Weil wir bereit sind, uns auf einen neuen Ausdruck von Familie einzulassen.

Warum jetzt?

Weil uns die Zeit davonläuft. Wenn wir diese Offenbarung jetzt nicht empfangen, werden wir bald von den Lügen der Vergangenheit bzw. des Ostens überrannt werden.

KAPITEL 2

Was ist eine Hauskirche?

Es scheint im Wesentlichen zwei Haupttypen von Hauskirchen zu geben: Da sind zum einen die Hauskirchen, die von Leuten gebildet wurden, die – aus welchen Gründen auch immer – eher traditionelle Formen von Gemeinde verlassen haben. Vielleicht hatten sie keine Möglichkeit zu dienen oder litten unter einer strengen, herrschsüchtigen Leitungsstruktur oder waren gar Opfer geistlichen Missbrauchs. Für solche Leute wird die Hauskirche zu einem potentiellen Ort der Geborgenheit und der Heilung.

Solche Gruppen stehen in einer gewissen Gefahr, sich so sehr damit zu beschäftigen, weshalb sie ihre ehemaligen Gemeinden verlassen haben, dass sie dadurch ganz unzufrieden und sogar bitter werden. Das ist nicht nur ungesund, sondern hat auch das Potenzial, jegliche evangelistischen Versuche der Gruppe zu untergraben. Solchen Gruppen empfehle ich oft, sich für ihren Heilungsprozess mindestens zwei Jahre Zeit zu nehmen, bevor sie wieder evangelistisch aktiv werden. Eine andere Gefahr solcher Gruppen ist, dass sie oft nichts weiter als eine traditionelle Gemeinde in einem Haus sind, statt ganz die Identität einer Hauskirche anzunehmen.

Die zweite Untergruppe der Hauskirchen sind diejenigen, die sich von ganzem Herzen für das mächtig befreiende Paradigma der Hauskirche entschieden haben. Diese Gruppen haben entweder die Praktiken, Strukturen und Programme der traditionellen Gemeinden untersucht und als unzureichend empfunden oder – wie es heute eher der Fall ist – waren noch nie Mitglieder einer traditionellen Kirche und haben im Umfeld einer alternativen Gemeinschaft zu Christus gefunden. Das ist überhaupt das Geheimnis des Wachstums und der Multiplikation in vielen Hauskirchennetzen. Sie reden in der Gruppe und mit anderen auf einfache und unkomplizierte Weise über das Evangelium, und das zieht jene an, die gerettet werden, und verwirrt sie nicht mit innerkirchlichen Problemen.

Was ist also eine Hauskirche? Für mich ist die grundlegende Definition einer Hauskirche eine einfache Gemeinschaft von Christen, die in einem lokalen Gebiet regelmäßig miteinander in Beziehung stehen. Diese Gruppen sind nicht exklusiv, sondern wollen ständig jene hinzufügen, die gerettet werden. Nichtchristen können die Gruppe gerne besuchen, nehmen aber nicht an allen Aktivitäten Teil – zum Beispiel ist es nicht angemessen, dass ein Nichtchrist beim Abendmahl teilnimmt, da dies ja ein Bundesmahl für diejenigen ist, die diesem Bund angehören.

Einer der Aspekte der Hauskirchenbewegung hier in Deutschland, der mich am meisten beunruhigt, ist, dass viele dieses Werk Gottes organisieren möchten.

Wenn Menschen versuchen, etwas Natürliches, Organisches zu organisieren, sieht dies vielleicht schön aus, aber es ist nicht mehr authentisch. Denken Sie an einen Baum, den ein begabter Gärtner so zurechtstutzt, dass er wie ein Tier aussieht. Viele werden die Kunstfertigkeit und das

Können des Gärtners bewundern. Was sie aber nicht sehen, ist das unter den Blättern verborgene Drahtgeflecht, mit dem die Zweige aus ihrer natürlichen Position verdrängt wurden, oder dass andere Zweige abgeschnitten wurden, um menschlichen Vorstellungen zu entsprechen, statt sie natürlich und gesund wachsen zu lassen. Der Betrachter sieht auch nicht, welcher Aufwand erforderlich ist, damit der Baum auf diese unnatürliche Weise wächst. Schneidet man die kontrollierenden Drähte durch und gibt dem Baum wieder die Möglichkeit, frei zu wachsen, ist es interessanterweise so, dass er bald darauf wieder eine natürlichere Form annimmt; allerdings werden die am stärksten deformierten Teile möglicherweise nie wieder ihre natürliche Gestalt und Schönheit zurückgewinnen.

Dieses Bild kann man auf jene Leute anwenden, die versuchen, die Hauskirchenbewegung zu organisieren. Wenn jemand organisiert, ohne eine Beziehung zu haben, tut er genau das, was traditionelle Denominationen auch tun. Sehr schnell wird er die lebendigsten Zweige festbinden und umformen müssen, um sie einem bestimmten Muster anzupassen. Diese Kontrolle und Bindung führt zu einem unnatürlichen Wachstum, wodurch der Zweig sogar getötet werden kann. Andere natürlichen Zweige müssen sogar ganz abgeschnitten werden, wenn sie nicht in die Vorstellung des Leiters passen. Ein Hauskirchenleiter sagte mir einmal, in seiner Stadt könne es gar keine anderen Hauskirchen (außer „seinen") geben, sonst wären diese ja Teil „seines" Netzwerks!

Versucht man, das natürliche, organische Wachstum der Hauskirchen den organisatorischen Fähigkeiten des Menschen anzupassen, sieht das vielleicht ordentlich aus, aber die Vitalität und Freiheit, die der Meister in jede Zelle des Leibes gelegt hat, wird fehlen. Wir müssen unsere Vorstellungen davon, wie eine einfache Gemeinde aussehen sollte, ablegen. Genauso, wie wir Gott vertrauen, dass ein Baum zu einem Baum heranwachsen kann, müssen wir ihm vertrauen, dass die Gemeinde zu einer Gemeinde heranwächst. Vor kurzem hörte ich den Autor Wayne Jacobsen dies folgendermaßen ausdrücken: „Man gibt ja auch nicht einem Kind Lektionen darin, wie man eine Gabel benutzt." Man hat schon lange eine Gabel benutzt, um Essen in seinen Mund zu schieben, und deshalb weiß es, wozu eine Gabel gut ist.

Was ist an Netzwerken also falsch? Nichts, solange sie aus echten Beziehungen auf der Basisebene hervorgehen. Wenn wir untereinander Beziehungen pflegen, werden wir auf natürliche Weise miteinander wachsen, und solange wir offen sind und weder unsere eigene verborgene Agenda noch die der anderen verfolgen, werden wir gesund bleiben.

Wie kann das praktisch aussehen, dass wir Beziehungen auf breiterer Basis haben? Nun, kennst du Leute in deiner Gegend, die Gemeinde auf nicht-traditionelle Weise leben? Weshalb lädst du sie nicht zu dir ein? Oder gehst zu ihnen und besuchst sie. Ihr könnt euch zu einem Picknick oder einer anderen geselligen Sache treffen. Vielleicht könnt ihr einen Tag miteinander verbringen, bei dem ihr euch austauscht oder einen Sprecher einladet. Dabei solltet ihr darauf achten, nicht über die natürlichen Verbindungen der Liebe unter den Brüdern und Schwestern hinauszugehen. Versucht niemals, einander Regeln oder Normen aufzuerlegen! Jede Gemeinde soll entsprechend dem Leben wachsen können, das Gott in sie hineingelegt hat. Wenn der Herr dann lokale Älteste und Dienste beruft, sollte für alle klar sein, dass diese Dienste wirklich dazu da sind, den Gemeinden zu dienen, und niemals, um Autorität über sie auszuüben. Das steht allein Gott zu.

Wenn ich es als Gottes Werk erkenne, dass er einen bestimmten Bruder oder eine Schwester als Apostel benutzt, heißt das nicht gleichzeitig, dass diese Person auch für dich ein Apostel ist. Du solltest Gott fragen, welche Art von Beziehung du zu dieser Person haben sollst. Ist sie ein echter Apostel, wird sie niemals versuchen, dir ihre Autorität aufzuzwingen. Stattdessen wird sie den Wunsch haben, dir als ein älterer Bruder bzw. eine ältere Schwester ein Vorbild im Glauben zu sein.

Lasst uns zusammen als der Leib Christi wachsen. Denkt an das, was Paulus gelehrt hat. Wir alle sind Mitglieder des Leibes und brauchen einander, um zu funktionieren. Manche bekommen vielleicht größere Ehre, und andere scheinen weniger wichtig zu sein, aber erst wenn die „geringeren" Teile aufhören, in rechter Weise zu funktionieren, erkennen wir, wie wichtig sie für den gesamten Leib sind.

Brüder und Schwestern, lasst uns unser Leben mitsamt seinen Wünschen niederlegen und unser Kreuz auf uns nehmen und Jesus nach außerhalb des Lagers folgen, dorthin, wo das Leben ist, in ihm.

Wie wir weiter oben an der Illustration mit dem künstlich beschnittenen Baum gesehen haben, ist der Aufwand, um das schöne Äußere einer vom Menschen geschaffenen Organisation zu wahren, enorm. Ich habe miterlebt, wie sich viele Leute darin verausgabt haben, eine Form von Gemeinde zu erhalten, die eigentlich nie von Gott inspiriert war und oft den Aussagen der Bibel widerspricht. Da

Frank Viola in seinem Buch „Der krumme Weg"[1] viel darüber gesagt hat, werde ich das nicht weiter ausführen.

---

[1] Frank Viola, Der krumme Weg, Hassloch 2007. Derzeit nur bei GloryWorld-Medien erhältlich.

KAPITEL 3

Vier Hauptaktivitäten

Im zweiten Kapitel der Apostelgeschichte werden die vier grundlegenden Aktivitäten der neutestamentlichen Gemeinde definiert. Diese Aktivitäten werden heute von den meisten Hauskirchen von ganzem Herzen praktiziert.

Die Lehre der Apostel

In der Apostelgeschichte war damit die Lehre der ursprünglichen Apostel gemeint, die drei Jahre damit verbracht hatten, persönlich vom Herrn in der Nachfolge ausgebildet zu werden. Dazu kam noch die Lehre späterer Apostel wie z. B. Paulus und Apollos hinzu – sowohl schriftlich als auch persönlich. In Wirklichkeit sind es ja immer noch diese Apostel, die die Gemeinde durch ihre Bücher in der Heiligen Schrift lehren. Allerdings beruft Gott auch heute noch apostolische Leiter, um die Gemeinde zuzurüsten und vorzubereiten (vgl. Eph 4,11-13). Wir sind Gott für diese Geschenke an die Gemeinde dankbar, aber wir dürfen nicht in die Falle tappen, wir bräuchten jede Woche einen Lehrer oder einen Prediger, der das Wort bringt. Dies scheint mir nicht der Praxis zu entsprechen, die Paulus in 2. Korinther 14,24 lehrt, wo von jeder Person erwartet wird, dass sie etwas beiträgt.

Deshalb ist es sinnvoll, eine Mischung aus einem offenen Bibelgespräch mit Beiträgen von allen zu haben und ab und zu spezielle Lehre von apostolischen Leitern, wenn diese vorbeikommen. Auf diese Weise wachsen die Leute schnell im Herrn und in seinem Wort und dienen mit diesem Wort auch bald anderen.

Gemeinschaft

Die meisten Hauskirchen legen einen großen Schwerpunkt auf das gemeinsame Leben. Unsere Gemeinschaft erschöpft sich nicht in lediglich zwei Treffen pro Woche oder gar im gemeinsamen Kaffeetrinken nach einem Gottesdienst. Nein, wir leben sie Tag für Tag aus, indem wir versuchen, die Realität, dass wir der Leib Christi sind, praktisch umzusetzen. Aus diesem Grund beschreiben sich viele der Gruppen, die mit uns verbunden sind, als Kommunitäten („communities"). Nicht in dem Sinne, dass sie alle zusammenleben wie einige Hippie-Kommunen in den 1970er Jahren, sondern indem sie versuchen, ihre Beziehungen untereinander zu vertiefen und ihr Leben in einem tieferen Maß miteinander zu teilen, als es normalerweise der Fall ist. Dazu kann auch gehören, dass man finanzielle Nöte und Segnungen miteinander teilt. Man kann gemeinsam Urlaub machen, ein gemeinsames Auto haben oder sogar Einkaufsgemeinschaften bilden, um die Finanzen, die Gott einem gegeben hat, besser zu nutzen. Aber keines dieser Dinge ist für eine Hauskirche wesentlich. Die einzig wesentliche Sache ist, dass Gottes Kinder

Freude daran haben, als der Leib Christi Gemeinschaft zu haben.

Brotbrechen (Abendmahl)

Im Neuen Testament geht es beim Abendmahl nie um ein kleines Stück Brot oder einen Schluck Wein oder Traubensaft, wie es heutzutage oft praktiziert wird. Normalerweise handelte es sich um eine volle Mahlzeit. Das finden wir in 1. Korinther 11 bestätigt. Dort spricht Paulus über Leute, die sich satt essen, anderen nichts übrig lassen und sogar betrunken werden. Man kann weder von einem kleinen Stück Brot satt noch von einem Schluck Wein betrunken werden. Viele Stellen in der Bibel lassen uns erkennen, dass Gott seinem Volk bzw. seinen Leuten oft im Kontext einer Mahlzeit begegnet, wie z. B.

- Noah
- Abraham
- Der Auszug aus Ägypten und die Feste
- Zachäus
- Offenbarung 3,20: *Siehe, ich stehe an der Tür und klopfe an; wenn jemand meine Stimme hört und die Tür öffnet, zu dem werde ich hineingehen und mit ihm essen, und er mit mir.*

Der letzte Vers ist ganz wichtig. Wir müssen erkennen, dass er ursprünglich an eine Gemeinde geschrieben wurde, deren Mitglieder dachten, sie hätten alles, dabei fehlte ihnen aber in Wirklichkeit die eine Sache, die sie wirklich brauchten: eine Beziehung zu dem liebenden Gott. Aber dann gab ihnen der Herr die Verheißung, hineinzukommen und mit ihnen zu essen.

Die meisten Familien werden bestätigen, dass der Esstisch der Ort ist, an dem echte Beziehungen entstehen und wachsen. Wir fangen Beziehungen mit einem romantischen Essen an. Darauf folgt dann ein Hochzeitsfest, danach ausgelassene Familienmahlzeiten, bevor wir dann später im Leben eher ruhige Mahlzeiten einnehmen. Beziehungen werden am Esstisch gestärkt und aufgebaut.

Gebet

Es gibt ein Sprichwort, das besagt, dass die Familie, die betet, auch zusammenbleibt. Wenn wir den Wunsch haben, dass die Familie Gottes wächst und gedeiht, dann ist Gebet der entscheidende Faktor dafür. Ich bin aber der Meinung, dass wir unbedingt die Vorstellung hinter uns lassen müssen, Gebet sei nur das, was wir Gott sagen bzw. ein Gespräch mit ihm. Im Gebet sollte Kommunikation auf einer völlig anderen Ebene stattfinden – es sollte ein tiefes Gespräch mit Gott sein, zu dem Reden, Hören, Stille, Singen, Lobpreis, Anbetung, Meditation und vieles andere gehören. Eines der großen klassischen Bücher über Gebet hat den Titel „Die Praxis der Gegenwart Gottes". Es ist wirklich dieses ständige, minütliche Erleben der Gegenwart Gottes, das den Kern dessen ausmacht, was Paulus schrieb, als er sagte, wir sollten ohne Unterlass beten.

Dies sollte auch der Kern des Gebetslebens in unseren christlichen Gemeinschaften sein. Es führt uns über Religion hinaus in einen tiefen, täglichen Wandel mit dem Herrn, wodurch die Vertrautheit von Eden wiederhergestellt wird.

KAPITEL 4

Hauskirche: ein Ausdruck von Gottes Familie
(Die größte Not Deutschlands sind Väter)

Vor einiger Zeit gab mir der Herr einen tiefen Einblick in eine ernsthafte Tragödie in Deutschland, die weitreichende gesellschaftliche Folgen hat. Und zwar, dass es in den letzten vier Generationen an echten Vätern gefehlt hat. Die ersten beiden Generationen von Vätern gingen in den beiden Weltkriegen und durch die Folgen des Krieges verloren. Die Männer, die vom Krieg zurückkehrten, waren durch das Erlebte für immer verändert. Dies bedeutete letztlich, dass diese beiden Generationen unter sehr schwierigen Umständen von den Müttern großgezogen wurden.

In der Nachkriegsgeneration, die darauf folgte, mussten die Väter oft ihr Zuhause verlassen, um Arbeit zu finden und ihre Familien ernähren zu können. In dieser Generation stieg auch zum ersten Mal die Scheidungsrate, sodass wieder viele Familien ohne Väter waren. Die Kinder dieser Generation sind nun die Eltern von heute – eine vierte Generation ohne Väter.

Diese heutige Generation ohne Väter unterscheidet sich jedoch deutlich von den vorangegangenen. In den drei Generationen davor waren die Väter oft physisch nicht anwesend, weil sie gestorben, verletzt oder irgendwo anders waren. In dieser letzten Generation aber sind beide Eltern oft physisch anwesend, aber ich behaupte trotzdem, dass die Kinder immer noch emotional vaterlos sind.

Die erstaunliche Entwicklung Deutschlands in den letzten fünfzig Jahren ließ es zu einer der wichtigsten Wirtschaftsmächte der Welt werden. Mit niedriger Arbeitslosigkeit sowie guten Löhnen und Arbeitsbedingungen ernten nun viele den Lohn für die Opfer ihrer Vorfahren. Diese neue Kaufkraft hat dazu geführt, dass viele einen höheren Lebensstandard haben wollen. Sie wollen die Früchte ihrer Arbeit genießen, mehr Freizeitaktivitäten, mehr Urlaub usw. haben.

Dies hatte zur Folge, dass die Geburtenrate dramatisch sank und dass die Kinder, die heute geboren werden, oft als Last oder Störfaktor empfunden werden. Werden diese Kinder dann zu Teenagern und jungen Erwachsenen, wird es für die Eltern sehr einfach, sich von ihrer Verantwortung „freizukaufen". Sie kaufen ihren Kindern die neuesten CDs, DVDs und Videospiele oder geben ihnen Geld, damit sie mit ihren Freunden ausgehen können.

Bedauerlicherweise fließt dieses Geld sehr oft in die Taschen der Drogenhändler und Alkoholverkäufer, oder es wird auf andere Weise missbraucht. Und so haben wir auch heute wieder junge Leute, die die liebevolle Leitung und Fürsorge eines irdischen Vaters nie gekannt haben.

In den kommenden Jahren werden diese jungen Leute die nächste Generation hervorbringen. Welche Hoffnung gibt es für diese Generation? Ich glaube, dass die einzige Hoffnung die ist, dass wir genau jetzt aufhören, Ausreden zu gebrauchen und für unseren Teil an dieser Misere Buße tun. Vielleicht hatten wir einen Vater, aber was haben wir dazu beigetragen, um jenen ein Vater zu sein, die dies nicht haben? Vielleicht sind wir in die Falle getappt, „kinderfreie" Zeit zu kaufen.

Hauskirche ist ein idealer Weg, um das Vaterherz Gottes und das Wesen seiner Familie beispielhaft vorzuleben. Sowohl Timotheus als auch Titus gegenüber bezeichnete sich Paulus als geistlicher Vater. Er sagte: „Ihr habt viele Lehrer, aber nicht viele Väter" (vgl. 1 Kor 4,15; 1 Tim 1,2; 2 Tim 1,2; Tit 1,4). So, wie manche Leute Leiterschaft in der Gemeinde praktizieren, ist es nichts anderes als eine Form des geistlichen Missbrauchs. Gott möchte, dass wir die Liebe und Freundlichkeit unseres himmlischen Vaters kennenlernen und dies widerspiegeln, wenn wir diejenigen zu Jüngern machen, denen wir auf ihrem Weg helfen.

Unser Gemeindeleben sollte ein Ausdruck unseres Familienlebens sein, da wir in Christus ja eine Familie sind.

KAPITEL 5

Hauskirchen: Schlüssel für Evangelisation im 21. Jahrhundert

In der Vergangenheit bestand der größte Teil der evangelistischen Aktivitäten darin, Leute zu einem Treffen einzuladen, bei dem sie eine Botschaft über Jesus hörten. Dann forderte man sie heraus, auf die Botschaft zu reagieren und ein Gebet zu sprechen, um Jesus anzunehmen. Danach sagte man ihnen, sie seien errettet. Das ist allerdings sehr weit vom biblischen Modell entfernt!

Jesus sagte seinen Jüngern:

Geht nun hin und macht alle Nationen zu Jüngern, und tauft sie auf den Namen des Vaters und des Sohnes und des Heiligen Geistes (Mt 28,19).

Aber wir warten darauf, dass die Leute zu uns kommen, und obwohl Jesus sagt, wir sollten in die Welt gehen und „in der Welt, aber nicht von der Welt" sein, halten sich die meisten Christen von der Welt fern und vermeiden allen unnötigen Kontakt. Wie können wir Leute aus der Welt retten, wenn wir Angst davor haben, zu ihnen zu gehen?

Der Herr ruft uns außerdem dazu auf, Jünger zu machen. In der Vergangenheit wurde dieser Aufruf dazu pervertiert, „Gläubige zu machen", d. h. jemand, der ein Gebet spricht und „Jesus annimmt" wurde als Christ erklärt. Der Gedanke, dass diese Person ein Jünger bzw. ein ernsthafter Schüler werden sollte, wird meist nicht erwähnt, und ebenso wenig, dass wir die Konsequenzen eines solchen Schrittes bedenken sollen (vgl. Lk 14,26-33).

Die Leute werden nämlich häufig unter Druck gesetzt, eine sofortige Entscheidung zu treffen, „da man ja nie wissen kann, was auf dem Nachhauseweg passiert". Jesus beschreibt diejenigen, die die Kosten nicht bedenken, als Narren. Bedauerlicherweise sind es die gleichen Narren, die sich sträuben, wenn wir über die Tiefe der Liebe sprechen, die wir füreinander haben sollten, oder dass wir der Sünde sterben und somit für Gott leben sollen. Genau das ist der Grund, weshalb ein neuer Jünger die Kosten überschlagen **sollte.**

Ein weiterer großer Fehler der heutigen Evangelisationsmethoden ist, dass das Evangelium sehr häufig auf eine Reihe von Glaubensaussagen reduziert wird, die für das Leben eines Ungläubigen wenig Bedeutung haben, auch wenn sie an sich richtig sind. Stimmt jemand diesen Aussagen im Gebet einmal zu, wird diese Person für errettet erklärt. Es wird keine echte Umkehr bzw. ein Neuanfang gefordert. Auf der anderen Seite ist eine Hauskirche ein ideales Umfeld, dass Ungläubige zum Glauben kommen. Dort können sie relevante, persönliche Zeugnisse darüber hören, wie sich die Botschaft Jesu heute praktisch auswirkt. Sie können in einer Atmosphäre Fragen stellen, in der sie sich sicher fühlen. In einer liebevollen Familie können sie schmecken und sehen, dass der Herr gut ist (vgl. Ps 34,8). Gleichzeitig können sie die echten Kosten der Nachfolge sehen und verstehen.

Es ist zwar richtig, dass sich bei diesem Ansatz weniger Leute bekehren als damals, als ich in der Massenevangelisation tätig war, aber der Prozentsatz derer, die wieder vom Glauben abfallen, ist ebenfalls viel geringer. Leute, die durch diese langsamere Methode zum Glauben kommen, treffen eine stärkere, bleibende Entscheidung und fallen sehr selten ab. Und meiner Erfahrung nach bringen Leute, die auf diese Weise zum Glauben kommen und denen im Umfeld einer Hauskirche geholfen wird, ganzheitlich heil zu werden, während der ersten Monate in der Gemeinschaft zwangsläufig ihre anderen Freunde mit. Das führt zu der schnellen Multiplikation, über die so viele Hauskirchenpublikationen sprechen, was aber hier in Deutschland so wenig erlebt wird.

Ich habe von relevanten Zeugnissen gesprochen. Das ist ganz wichtig. Unser Zeugnis ist eine sehr starke Waffe gegen den Feind (vgl. Offb 12,11). Unser Zeugnis darüber, was Gott heute in unserem Leben tut, ist für die Leute in unserem Umfeld sofort relevant. Was vor fünf oder zehn Jahren passierte, kann vielleicht interessant sein, aber mit der Zeit lässt die Bedeutung nach. Anfang der siebziger Jahre sangen wir häufig ein Lied dazu:

Erwarte ein Wunder jeden Tag,
erwarte ein Wunder, wenn du betest,
wenn du eines erwartest, wird Gott einen Weg finden,
ein Wunder zu tun, für dich jeden Tag.

Das Problem ist, dass viele unter uns die Erfahrung, die dieses Lied zum Ausdruck bringt, nicht machen: Unsere Zeugnisse sind oft abgedroschen und haben für unsere

Zuhörer keine Bedeutung. Gerade in dieser Woche, während ich dies schreibe, konnte ich einem Freund erzählen, dass – als Antwort auf mein Gebet – sich mein Arbeitsplan geändert hatte, so dass ich jemand im Krankenhaus besuchen konnte. Das war kein großes Wunder, aber es ermutigte diesen Freund, mich um Gebet zu bitten, das sofort beantwortet wurde. Diese Person lernt jetzt ihre ersten Schritte im Glauben zu gehen. Ein aktuelles Zeugnis ist für die, die uns zuhören, immer interessant und relevant.

Eine meiner Lieblings-Bibelstellen ist Psalm 40,2-4:

Beharrlich habe ich auf den HERRN geharrt, und er hat sich zu mir geneigt und mein Schreien gehört. Er hat mich heraufgeholt aus der Grube des Verderbens, aus Schlick [und] Schlamm; und er hat meine Füße auf Felsen gestellt, meine Schritte fest gemacht. Und in meinen Mund hat er ein neues Lied gelegt, einen Lobgesang auf unseren Gott. Viele werden es sehen und sich fürchten und auf den HERRN vertrauen.

Liest man diesen Vers im Zusammenhang, erkennt man, dass es um die Kraft des Zeugnisses geht. Viele werden unser Zeugnis sehen und den Herrn fürchten!

Unser Evangelisieren sollte wie Atmen sein, eine natürliche Funktion. Wenn Leute mich fragen, zu welcher Gemeinde ich gehe oder wie meine Gemeinde ist, dann sage ich zu ihnen: „Komm doch zum Essen und sieh sie dir an." Weder predige ich darüber, noch biete ich ihnen ein Bibelstudium über das Gemeindeleben an. Ich lade sie einfach zum Essen ein. Beim Essen verhalten wir uns normal und predigen nicht, sondern reden einfach miteinander, auch über das, was wir oder andere Gäste gerade mit Gott erlebt haben. Das führt häufig zu Fragen und danach zum Glauben. Ich lade Leute selten zu evangelistischen Treffen ein, weil diese nicht das Gemeindeleben widerspiegeln. Stattdessen lade ich sie zum Essen ein, weil sich unsere Gemeinde auf diese Weise trifft. Dann können sie auch sehen, ob wir echt sind oder nur religiöse Heuchler, wie sie durch ihre Vorurteile oft denken.

KAPITEL 6

Wie beginnt man eine Hauskirche?

Mein hauptsächlicher Arbeitsbereich ist Gemeindegründung und Gemeindeentwicklung, weshalb mich andere, die ebenfalls auf diesem Gebiet arbeiten, häufig schon gebeten haben, ich solle darlegen, wie man bei der Gründung einer neuen Hausgemeinde oder eines Hauskirchennetzwerks vorgehen sollte.

Meine Antwort ist sehr einfach und immer die gleiche: Mache zuerst eine große Fläche auf dem Fußboden frei, dann wirf dich auf den Boden und schreie zu Gott. Und dann TUE, was immer er dir sagt!

Manche, die das jetzt lesen, werden sagen: „Ja ja, Keith spinnt mal wieder ein bisschen!" Aber ich spinne wirklich nicht! Das ist eine erprobte und bewährte Methode. Wenn du andere fragst, werden sie dir 1001 verschiedene Wege nennen, wie man eine Hauskirche gründet. Meine Frage ist, wenn diese Methoden so gut sind, warum benutzt du dann nicht eine davon? In Wahrheit ist es doch so, dass wir die Theorien sehr gut kennen und die Bücher gelesen haben, aber immer noch keine blühende Hauskirche, viel weniger ein Netzwerk haben. Was sagt uns das? Wir müssen zugeben, dass weder wir noch die Hauskirchengurus alle Antworten haben. Nur der Herr kann in uns die Schönheit seiner Braut schaffen. Was ich im Folgenden sage, ist deshalb keine Anleitung, „wie man es macht", oder eine Methode, sondern es sind lediglich einige Anhaltspunkte, die uns in der Vergangenheit geholfen haben. Aber wir sind die ersten, die sagen würden, dass sie nicht immer und überall anwendbar sind. Wir müssen zu Gott rufen, damit er uns seinen Weg zum Ziel zeigt.

Hauskirche sollte immer mit unserer eigenen Familie beginnen, dort, wo wir sind. Was ich sage, kann zwar auch in Gegenden angewandt werden, in denen wir neu sind, es funktioniert aber am besten dort, wo man schon eine gewisse Bekanntheit hat. Wenn jemand also zum Beispiel noch neu in einer Stadt in Deutschland, Spanien oder England ist (Länder, in denen ich gearbeitet habe) und die folgenden Methoden anwenden würde, würde er entweder wenig Frucht sehen oder die Leute wären nicht sehr hingegeben. Für Leute, die in völlig neuen Situationen beginnen, werde ich am Ende dieses Kapitels ein paar zusätzliche Vorschläge machen.

Deine Familie ist der Anfang der ersten Hauskirche, vielleicht zusammen mit ein oder zwei anderen, die gemeinsam mit dir die neue Gemeinde gründen wollen. Von Anfang an solltest du betonen, dass es informell zugeht und dass du sowohl dem Herrn als auch den anderen in der Gruppe hingegeben bist (und somit eine Hingabe widerspiegelst, die du in ihnen sehen möchtest, die du allerdings nicht einfordern solltest). Es ist entscheidend, dass du keine festen Vorstellungen in die Gruppe hineinträgst; die Bibel sollte dein alleiniger Führer sein. Wenn du in der Gemeinde nicht gerne tanzt, dann musst du lernen, es zu lieben, weil Gott es schön findet. Wenn du ein Problem damit hast, dass Leute umfallen, dann wirst du dich mit Gott darüber auseinandersetzen müssen, wenn es in deiner Gruppe passiert.

Du darfst nichts tun, was irgendeinen biblischen Aufbruch, der in deine Gemeinde kommt, aufhalten würde. Wenn du mit diesem Gedanken nicht leben kannst, dann solltest du bitteschön erst gar nicht damit anfangen, eine Hauskirche zu gründen, denn du wirst sehr wahrscheinlich scheitern und ziemlich sicher allen schaden, die sich an den armseligen Dingen beteiligen, die du vielleicht produzierst. Der Heilige Geist ist Leben, und er wird sich ganz bestimmt nicht auf deine oder meine Vorstellungen einschränken lassen. Das Entscheidende ist, dass unter den Teilnehmern gesunde Beziehungen entstehen.

Füge immer nur ein oder zwei neue Leute auf einmal hinzu (das müssen nicht unbedingt Gläubige sein, sondern können auch solche sein, die offen und auf der Suche sind). Dein Hauptaugenmerk sollte am Anfang darauf liegen, neue Kontakte und Freunde zu gewinnen. Gleichzeitig solltest du die schon bestehenden Kontakte weiterentwickeln. Denke daran, dass neue Leute immer auch andere mitbringen.

Wo du neue Kontakte findest, hängt sehr stark davon von der Kultur ab, in der du dienst. Die Apostel gingen beispielsweise auf die Marktplätze. Während ich mit meiner Familie in Eastbourne in England wohnte, entstanden sehr viele Kontakte und Freundschaften in der lokalen Wäscherei. Als ich später einen Teilzeitjob in einem Naturkostladen hatte, kamen unsere Kontakte von den Kunden dort. Wieder einige Zeit später leitete ich ein

Seelsorgezentrum, und fast alle unsere Kontakte kamen dann von dort.

In Spanien war es etwas anders. Dort gehen die meisten Leute in die Bars, um ihre Freunde zu treffen bzw. neue Leute kennenzulernen. Sie gehen zu allen Tages- und Nachtzeiten dorthin, um einen Kaffee oder etwas anderes zu trinken. In Deutschland gewinnen viele bei der Arbeit oder bei Sport- bzw. kulturellen Aktivitäten neue Freunde. ÜBERALL, WO MAN NORMALERWEISE FREUNDE GEWINNT, SOLLTEST AUCH DU SEIN.

Ich kannte einmal eine sehr schüchterne Person, die gerne wandern ging und deshalb einem Wanderverein beitrat. In wenigen Monaten hatte sie mit jedem im Verein über ihren Glauben gesprochen, und zwei oder drei davon gingen ein paarmal in der Woche zu ihr nach Hause, um in der Bibel zu lesen oder christliche Videos anzusehen. Innerhalb eines Jahres waren alle Mitglieder des Wandervereins Christen geworden, und sie hatte eine ziemlich große Zelle, die sich in ihrem Haus traf. Man muss kein extrovertierter Draufgänger sein, um Gemeinden zu gründen; man muss einfach nur das Kostbarste weitergeben, was man hat – seinen Glauben.

Es ist keine gute Idee, gleich am Anfang „Treffen" abzuhalten. Besser sind informelle Zusammenkünfte am Abend und am Wochenende. Erzähle ganz natürlich von deinem Glauben, wie es sich ergibt, und lehre durch dein Vorbild. Andere Dinge lehrst du je nach Bedarf. Bete zum Beispiel für die Nöte der Leute. Auf diese Weise lehrst du, wie man betet, wie man auf Gott vertraut und dass Gott Gebet beantwortet – alles zur gleichen Zeit. Variiere den Inhalt eurer Zusammenkünfte. Schaut zusammen ein christliches oder säkulares Video an (säkulare Videos sind gute Gesprächsstarter). Redet über die derzeitigen aktuellen gesellschaftlichen Themen unter dem Aspekt des Wortes Gottes. Lest die Bibel, hört euch christliche Musik an, statt zu singen und anzubeten, denn dies sollte eine Reaktion des Herzens auf Gott sein und wird auch ganz natürlich kommen, wenn die Leute beginnen, Gott zu vertrauen. Führt praktische Bibelstudiengespräche durch, wie zum Beispiel: Was sagt die Bibel über die Ehe, unsere Arbeit usw.? Du solltest in der Gruppe ganz natürlich für die echten und die spezifischen Nöte der Leute beten (nicht nur: „Gott segne Tina", sondern: „Gott, heile bitte den eingewachsenen Zehennagel von Tina und hilf ihr aufzuhören, so mürrisch zu sein").

Eure Treffen sollten natürlich und nicht organisiert sein. Trefft euch nicht nur einmal in der Woche, sondern jeden Tag je nach Bedarf (Apg 2,46). Wenn die Gruppe wächst, dann ermutige die Teilnehmer, ihre Häuser zu öffnen und euch von Haus zu Haus zu treffen. Manche glauben, dies sei nicht gut, weil neue Leute davon ablenken könnten, weshalb die Gruppe da ist (d. h. eine Gemeinde zu sein). Aber meine Erfahrung ist, dass dies leicht korrigiert werden kann, wenn sie sich das nächste Mal in deiner Wohnung treffen (was ohnehin der regelmäßigste Ort des Treffens sein sollte). Es besteht ein kleines Risiko, ein paar Leute zu verlieren, aber dieses Risiko ist es wert, dass die Heiligen in der Freiheit Gottes leben können und sich nicht an deine Gruppe gebunden fühlen.

Erreicht die Gruppe eine Größe von zehn bis zwölf Leuten, solltest du darüber nachdenken, einen regelmäßigen Termin für ein Bibelstudiengespräch zu beginnen. Früher dachte ich, dass eine gewisse organisierte Lehre wichtig sei, merkte aber bald, wie unpraktisch dies war, da Gott uns jede Woche neue Leute hinzufügte. Deshalb fingen wir an, uns mit Themen zu beschäftigen, wie sie gerade aufkamen, statt einem Programm zu folgen. Erstaunlicherweise fanden wir heraus, dass wir innerhalb von zwei Jahren jede wichtige Lehre gründlich besprochen hatten. Es ist naheliegend, dass die Leute dich als Leiter ansehen, aber jeder Teilnehmer sollte ermutigt werden, das beizutragen, was er in der Bibel gefunden hat – oder auch, was sein eigener persönlicher Standpunkt ist, aber immer ausbalanciert durch das Wort Gottes.

Als Folge unseres aktiven Zugehens auf Menschen und dadurch, dass bestehende Teilnehmer Freunde und Verwandte mitbringen, sollte es einen ständigen Zustrom von Leuten geben. Diese Leute sollten sofort in die Gruppe eingegliedert werden. Falls es so kommt, dass eine Anfängergruppe enge Beziehungen untereinander entwickelt hat, gibt es keinen Grund, weshalb diese nicht gleich eine eigene, angegliederte Zelle werden sollte, wodurch die Bildung eines Netzwerks beschleunigt wird.

Man sollte sie lehren, dass die Autorität normalerweise bei den Ältesten liegt, die die Mitglieder über wichtige Themen informieren und mit ihnen darüber sprechen. Jene, die einen Dienst des Heiligen Geistes (nach Epheser 4) ausüben, sollten als Geschenke an die Gemeinde gesehen werden, was sie ja sind, und nicht als eine Art Papst oder Bischof.

Was die Sakramente angeht, glaube ich, dass viele Gemeinden in diesem Bereich versagen. Entweder verschiebt man die Sakramente auf die Ebene des Netzwerks, sodass statt der Hauskirche dieses zum wahren Ausdruck der Gemeinde wird, oder man versucht sie wie „die Gemeinde um die Ecke" zu praktizieren und führt damit eine unnötige Förmlichkeit in eine Gruppe ein.

Taufen können am besten im Rahmen der Familienatmosphäre der Hauskirche durchgeführt werden; andere Leiter und Freunde können ebenfalls dabei sein. Wenn zur gleichen Zeit Leute aus verschiedenen Hauskirchen getauft werden sollen, dann können die Leiter darin übereinstimmen, dies zu einem Event für ihre Gegend zu machen. Zum Beispiel könnten sich alle Gruppen in einem naheliegenden Park zu einem Taufgottesdienst treffen. Die Taufkandidaten würden dann von einem lokal anerkannten Dienst (Apostel, Prophet oder Evangelist) und einem der Hauskirchenleiter getauft werden. Später könnten alle an einem gemeinsamen Agape-Mahl mit anderen Mitgliedern ihrer Hauskirche teilnehmen und dabei mit anderen Gruppen einen geselligen Austausch pflegen.

Das Abendmahl sollte möglichst immer in der Hauskirche gefeiert werden, da es seine Wurzeln im Passahmahl hat, das immer in der Familie und nie in der größeren Gruppe gefeiert wurde. Es ist deshalb normal, dass man in einer Hauskirche das Abendmahl als Teil einer richtigen Mahlzeit miteinander feiert. Abendmahl in größeren Zusammenkünften ist schwer zu rechtfertigen. Der einzige Grund, der mir einfällt, wäre, wenn die Notwendigkeit besteht, die gemeinschaftliche Einheit aller zu demonstrieren (zum Beispiel wenn neue Gemeinden in das Netzwerk kommen, wenn neue Leiter oder Dienste in der größeren Gruppe anerkannt werden usw.).

Ein weiterer wichtiger Schritt ungefähr in dieser Zeit könnte die Aufteilung der ursprünglichen Gruppe in zwei oder mehrere neue Hauskirchen sein. Das ist eine entscheidende Zeit in der neuen Gruppe. Wir sollten dabei unsere beziehungsmäßige Einheit betonen und nicht, dass man „sich in kleinere Gruppen aufteilt". Ich benutze dabei oft das Bild eines Gärtners, der Samen aussät. Wenn der Same in dem Samenbehälter wächst, pflanzt der Gärtner die noch schwachen Setzlinge vorsichtig in andere Beete um, wo sie mehr Raum zum Wachsen haben, und manchmal muss er sie noch einmal versetzen, bevor er sie an den endgültigen Platz bringt. Wenn möglich, sollten dabei Freunde zusammenbleiben.

Um unsere beziehungsmäßige Einheit zu betonen, macht es möglicherweise Sinn, auch ein gelegentliches Netzwerktreffen zu beginnen. Dabei sollten wir uns nach einem geeigneten Treffpunkt vor Ort umsehen, den man einmal im Monat mieten kann (z. B. ein Bürgerzentrum, eine Schule, eine Bibliothek, ein Raum in einem Hotel oder Restaurant). Wir sollten unser Treffen dann mit einer speziellen Feier beginnen, zu der wir die Presse und örtliche Autoritäten einladen können, wodurch unser Dasein der Allgemeinheit bekannt gemacht wird.

Ich habe schon erwähnt, dass ich noch auf den Fall eingehen möchte, dass jemand in einer völlig neuen Situation beginnt. Hier sollte man die ersten sechs bis zwölf Monate damit verbringen, die Lage der Dinge kennenzulernen. Beteilige dich so viel wie möglich an Aktivitäten der weltlichen Gemeinde (meine Frau und ich waren z. B. Mitglieder des lokalen Ausschusses für Städtepartnerschaften). Schließe Kontakte und Freundschaften, tue „normale Dinge". Lass die Leute in deinem Umfeld sehen, dass dein Glaube ein natürlicher Teil deines Lebens ist. Erst wenn du das Vertrauen der Leute hast, kannst du den nächsten Schritt tun.

In manchen Kulturen kann dies sehr lange dauern. Als ich nach Nordspanien ging, dauerte es etwa drei Jahre, bis wir als Teil der Stadt akzeptiert waren. An einem anderen Ort dauerte es sechs Monate, und in einem Neubauviertel in Eastbourne in England dauerte es nur ein oder zwei Monate. Mach dir keine Gedanken über die Zeiträume, die ich erwähnt habe. Paulus verbrachte oft eine lange Zeit an den Orten, die er besuchte. Wenn ich auf die Vergangenheit zurückblicke, stelle ich fest, dass der Herr mich alle zwei bis sechs Jahre an einen anderen Ort bringt. Du musst dem Geist gegenüber sensibel sein. Wenn du einmal etabliert bist, dann kannst du so weitermachen, wie ich es weiter oben beschrieben habe.

KAPITEL 7

Leiterschaft in der Hauskirche

Ich habe in diesem Buch zwei scheinbar widersprüchliche Positionen zum Thema Leitung bezogen. Auf der einen Seite sage ich, dass wir in der Hauskirchenbewegung keine Leiter benötigen, und auf der anderen Seite erkenne ich klar an, dass die Bibel von Leitern spricht. Deshalb möchte ich den gesamten Bereich der Leitung aus historischer und biblischer Perspektive erörtern.

Im Neuen Testament sehen wir, dass die Gemeinde nicht nur von den Aposteln, sondern auch von Ältesten und Diakonen geleitet wurde. Auf Apostel und andere apostolische Dienste gehe ich später in diesem Kapitel ein. Ich möchte mit den wichtigen Rollen der Ältesten und Diakone beginnen. Paulus nennt uns die Qualifikationen für diese Dienste in 1. Timotheus 3 und Titus 1:

Das Wort ist gewiss: Wenn jemand nach einem Aufseherdienst trachtet, so begehrt er ein schönes Werk. Der Aufseher nun muss untadelig sein, Mann einer Frau, nüchtern, besonnen, sittsam, gastfrei, lehrfähig, kein Trinker, kein Schläger, sondern milde, nicht streitsüchtig, nicht geldliebend, der dem eigenen Haus gut vor-

steht und die Kinder mit aller Ehrbarkeit in Unterordnung hält – wenn aber jemand dem eigenen Haus nicht vorzustehen weiß, wie wird er für die Gemeinde Gottes sorgen? –, nicht ein Neubekehrter, damit er nicht, aufgebläht, dem Gericht des Teufels verfalle.

Er muss aber auch ein gutes Zeugnis haben von denen, die draußen sind, damit er nicht in übles Gerede und in den Fallstrick des Teufels gerät. Ebenso die Diener: ehrbar, nicht doppelzüngig, nicht vielem Wein ergeben, nicht schändlichem Gewinn nachgehend, die das Geheimnis des Glaubens in reinem Gewissen bewahren. Auch sie aber sollen zuerst erprobt werden, dann sollen sie dienen, wenn sie untadelig sind. Ebenso sollen die Frauen ehrbar sein, nicht verleumderisch, nüchtern, treu in allem. Die Diener seien [jeweils] Mann einer Frau und sollen den Kindern und den eigenen Häusern gut vorstehen; denn die, welche gut gedient haben, erwerben sich eine schöne Stufe und viel Freimütigkeit im Glauben, der in Christus Jesus ist (1 Tim 3,1-13).

Deswegen ließ ich dich in Kreta zurück, damit du, was noch mangelte, in Ordnung bringen und in jeder Stadt Älteste einsetzen solltest, wie ich dir geboten hatte, wenn jemand untadelig ist, Mann einer Frau, gläubige Kinder hat, die nicht eines ausschweifenden Lebens beschuldigt oder aufsässig sind. Denn der Aufseher muss untadelig sein als Gottes Verwalter, nicht eigenmächtig, nicht jähzornig, nicht dem Wein ergeben, nicht ein Schläger, nicht schändlichem Gewinn nachgehend, sondern gastfrei, das Gute liebend, besonnen, gerecht, heilig, enthaltsam, der an dem der Lehre gemäßen zuverlässigen Wort festhält, damit er fähig sei, sowohl

*mit der gesunden Lehre zu ermahnen als auch die Wi-
dersprechenden zu überführen* (Tit 1,5-9).

In Apostelgeschichte 6,3 finden wir weitere Qualifikationen für Diakone und wohl auch für Älteste:

*So seht euch nun um, Brüder, nach sieben Männern un-
ter euch, von [gutem] Zeugnis, voll Geist und Weisheit,
die wir über diese Aufgabe setzen wollen!*

Die Eignungsmerkmale für Älteste sind aus den obigen
Texten recht klar. Allerdings ist weniger klar, was die
genaue Rolle eines Ältesten ist. Ich betrachte Älteste gerne als reifere, ältere Brüder, die uns zum einen dabei
helfen können, Dinge zu erreichen, die sie selbst schon
erreicht haben, und uns zum anderen davor bewahren
können, Fehler zu machen, die sie selbst gemacht oder in
der Vergangenheit vermieden haben. Dies sehen wir noch
deutlicher in 1. Petrus 5,1-3:

*Die Ältesten unter euch nun ermahne ich, der Mitäl-
teste und Zeuge der Leiden des Christus [und] auch
Teilhaber der Herrlichkeit, die geoffenbart werden soll:
Hütet die Herde Gottes, die bei euch ist, nicht aus
Zwang, sondern freiwillig, Gott gemäß, auch nicht aus
schändlicher Gewinnsucht, sondern bereitwillig, nicht
als die, die über ihren Bereich herrschen, sondern indem ihr Vorbilder der Herde werdet!*

Hier sehen wir also, dass die Ältesten im Wesentlichen
eine pastorale Rolle innehaben. Das bedeutet nicht, dass
alle Ältesten Pastoren sein müssen, sondern vielmehr, dass
ihre Aufgabe ist, die Gemeinde pastoral zu betreuen und
sie zu beaufsichtigen. Der Punkt, an dem meine Ansicht
sich von einer eher traditionellen Sicht des Gemeindele-

bens unterscheidet, ist wohl der, dass ich glaube, dass wir alle verpflichtet sind, einander pastorale Fürsorge zukommen zu lassen. Aus diesem Grund gibt es so viele Stellen im Neuen Testament, die betonen, dass wir etwas „einander" tun sollen. Pastorale Fürsorge sollte also nicht den „Fachleuten" vorbehalten, sondern Aufgabe eines jeden sein. Als die Kirche ungefähr 400 n. Chr. sich mit der Vorstellung eines Berufsklerus' anfreundete, ging meiner Meinung nach im Prinzip der Gedanke des Priestertums aller Gläubigen für über 1600 Jahre verloren. Luther versuchte diesen Gedanken während der Reformation wiederzubeleben, hatte aber keinen wirklichen Erfolg.

Erst in den letzten etwa 40 Jahren erleben wir im Leib Christi, dass einfache Gemeindeglieder einander dienen und eine starke Rolle im Dienst einnehmen. Durch die charismatische Erneuerung wurde klar, dass der Herr ganz gewöhnliche Menschen mit seinem Heiligen Geist erfüllte. Voll des Heiligen Geistes und seiner Kraft, waren diese Leute nicht länger bereit, eine Zuschauerrolle einzunehmen. Und somit kam es zu einer echten Wiedergeburt der Lehre des Priestertums aller Gläubigen. Ein Ältester ist also nicht etwa ein Priester oder Pastor, der über den Leuten steht, sondern die (einfachen) Leute sind Priester, und die Ältesten sind echte ältere Brüder, die anderen helfen, den richtigen Weg zu finden. Ich glaube nicht, dass jede Hausgemeinde einen oder mehrere Älteste braucht. Aus den Briefen des Paulus erkennen wir, dass Älteste nicht bestimmten Hauskirchen zugeordnet waren, sondern Städten. Dasselbe sehen wir in der Apostelgeschichte. In jeder Stadt gab es viele Gruppen, die sich in Häusern trafen, aber Paulus ernannte nur Älteste für die Stadt. Weshalb ist es dann so, dass so viele Leute in den

Hausgemeinden unbedingt Leiter haben wollen bzw. dass manche Leute in den Hausgemeinden unbedingt Leiter sein wollen? Ich glaube, dies liegt daran: Wir wollen immer, dass andere Leute Verantwortung für uns übernehmen. Anscheinend sind wir unfähig, Verantwortung für uns selbst zu übernehmen. Der andere Grund ist, dass wir gerne andere kontrollieren möchten, was eine sehr bedauerliche Sache ist. Unser Leitwort sollte dagegen Philipper 2,1-11 sein:

Wenn es nun irgendeine Ermunterung in Christus [gibt], wenn irgendeinen Trost der Liebe, wenn irgendeine Gemeinschaft des Geistes, wenn irgendein herzliches [Mitleid] und Erbarmen, so erfüllt meine Freude, dass ihr dieselbe Gesinnung und dieselbe Liebe habt, einmütig, eines Sinnes seid, nichts aus Eigennutz oder eitler Ruhmsucht [tut], sondern dass in der Demut einer den anderen höher achtet als sich selbst; ein jeder sehe nicht auf das Seine, sondern ein jeder auch auf das der anderen!

Habt diese Gesinnung in euch, die auch in Christus Jesus [war], der in Gestalt Gottes war und es nicht für einen Raub hielt, Gott gleich zu sein. Aber er machte sich selbst zu nichts und nahm Knechtsgestalt an, indem er den Menschen gleich geworden ist, und der Gestalt nach wie ein Mensch befunden, erniedrigte er sich selbst und wurde gehorsam bis zum Tod, ja, zum Tod am Kreuz. Darum hat Gott ihn auch hoch erhoben und ihm den Namen verliehen, der über jeden Namen ist, damit in dem Namen Jesu jedes Knie sich beuge, der Himmlischen und Irdischen und Unterirdischen, und jede Zunge bekenne, dass Jesus Christus Herr ist, zur Ehre Gottes, des Vaters.

Hier sehen wir die Kernpunkte einer gesunden Gemeinde: Ermutigung, Gemeinschaft, Sensibilität und Mitgefühl, eines Sinnes sein, Liebe, eins im Geist und in den Zielen, Demut, die Interessen der anderen achten, sich selbst zu nichts machen, das Wesen eines Dieners annehmen, Gehorsam. Diese Dinge können wir in unserem Leben nicht so einfach haben, sondern sie sind das Geheimnis eines echten Gemeindelebens, das so viele in all den Jahren gesucht haben.

Hier noch ein kurzer Gedanke zu den Diakonen. Ich glaube, dass Diakone mehr sind als stellvertretende Älteste. Ich glaube eher, dass damit diejenigen anerkannt werden, die unter uns in der Gemeinde in Schlüsselrollen dienen. Das klarste Beispiel dafür finden wir in Apostelgeschichte 6, wo die Diakone die Rolle übernehmen, das Essen an die Gemeindemitglieder auszuteilen, oder später in Kapitel 9, wo die Diakonin Dorkas offenbar einen Dienst unter den Witwen hat. Ich glaube, wir würden der Gemeinde einen großen Dienst tun, wenn wir Diakone wieder auf diese Weise anerkennen würden.

Vielleicht fragst du dich nun, wie eine Gemeinde funktionieren kann, wenn es keine Leiter gibt, die Entscheidungen treffen. Nun, ich glaube, dass wir einen Leiter haben. Sein Name ist Jesus Christus. Die Bibel sagt uns, dass wir ein Leib sind und dass er das Haupt ist. In 1. Korinther 12 malt uns Paulus dieses Bild vor Augen zusammen mit der absurden Vorstellung, dass die Hand bzw. der Fuß versuchen, das Kommando zu übernehmen, oder dass der gesamte Leib ein Ohr oder ein Auge ist. Nein, wir sind alle verschiedene Teile des einen Leibes, und der Teil des Leibes, der die Entscheidungen trifft, ist das Haupt.

Wer auch nur einfachste anatomische Grundkenntnisse hat, weiß, dass jeder einzelne Teil unseres Körpers durch das Nervensystem mit dem Kopf verbunden ist. Wenn unser Gehirn die Entscheidung trifft, in eine bestimmte Richtung zu gehen, sendet es an alle Teile des Körpers, die sich bewegen müssen, ein Signal, und dadurch bewegen wir uns in die Richtung, die das Haupt möchte. Genauso sollte auch die Gemeinde funktionieren. Jeder Teil des Leibes sollte mit dem Haupt (Jesus) verbunden sein, und entsprechend seiner Führung sollten wir uns bewegen. Das Problem ist, dass nur wenige die Zuversicht haben, dass sie Jesus hören können, und noch weniger, dass andere ihn hören können. Aus diesem Grund meinen sie, sie bräuchten Berufsgeistliche. Aber lasst uns doch die Generation sein, die sich dazu entschließt, dass wir Jesus selbst hören können, und dass wir uns gemeinsam bewegen, wenn er zu seinem Leib spricht.

In den letzten Jahren haben wir miterlebt, dass apostolische und prophetische Bewegungen entstanden sind, die sowohl die charismatische als auch die Hauskirchen-Bewegung stark beeinflusst haben. Es ist wirklich ein Segen, dass die Gemeinde wieder entdeckt, dass diese Dienste ein echtes Geschenk vom Herrn an seine Gemeinde sind (vgl. Eph 4,8.11). Gleichzeitig haben wir aber auch einige ernsthafte Probleme festgestellt.

Die am stärksten sichtbare Form der „Neuen Apostolischen Bewegung" ist eine sogenannte „Koalition", deren Basis sich in den USA befindet. Die meisten ihrer Apostel, abgesehen von einigen rühmlichen Ausnahmen, haben sich allerdings als unzuverlässige Selbstdarsteller erwiesen. Viele Leute in dieser Gruppe sind außerhalb ihrer extrem-charismatischen Kreise völlig unbekannt und wurden nicht vom Herrn der Welt, sondern von ihrem „Vorsitzenden Apostel" (gibt es so etwas in der Bibel überhaupt?) ausgewählt.

Ich kann mich noch gut an ein Gespräch mit diesem Mann und seiner Sekretärin über einen gewissen Dienst, mit dem sie in Nordspanien verbunden waren, erinnern. Ich war zum damaligen Zeitpunkt schon seit über 17 Jahren in dieser Region tätig und wollte wissen, mit welchen apostolischen Leitern sie dort zusammenarbeiteten. Sie nannten mir einen Namen, der mir völlig unbekannt war, und sagten mir, dieser sei der einzige echte Apostel, den sie in Spanien anerkennen würden. Als ich nach Hause kam, kontaktierte ich sieben oder acht vertrauenswürdige apostolische Leiter in Spanien und fragte sie, wer diese Person sei. Lediglich einer von ihnen hatte jemals von ihm gehört. Er brachte mich mit anderen Leuten in Kontakt, die diesen „Apostel" als jemand kannten, der in ihrer Gegend viele Spaltungen verursacht und zwei andere Gemeinden übernommen hatte, die letzten Endes scheiterten.

Erst vor kurzem haben wir das Fiasko von Lakeland in Florida erlebt, als Mitglieder dieser Koalition einen Mann als Evangelisten „ordinierten", der sich nur wenige Tage später aufgrund eines unmoralischen Verhaltens vom Dienst zurückziehen musste. Andere innerhalb der „Koalition", die diese unbesonnene Eile, den Evangelisten zu ordinieren, hinterfragten, wurden einfach abgewiesen. Sollen apostolische Väter auf diese Weise handeln?

Auch die prophetische Bewegung ist nicht viel anders. Sie ist zu einer massiven charismatischen Show angewachsen. Bei jeder Konferenz erscheinen dieselben Gesichter, die immer dasselbe Zeug auftischen. Haben diese Leute denn keine Furcht Gottes (vgl. Jer 23,16)? Ich bin in den letzten sechs oder sieben Jahren vielen der großen Namen in dieser Bewegung nachgegangen. Die Genauigkeit ihrer Prophetien ist miserabel, weniger als 25 %, und das in Bezug auf Dinge, die jede intelligente Person hätte vorhersehen können. Gottes Wort verlangt aber hundertprozentige Genauigkeit, und das ist wirklich Furcht einflößend:

> *Doch der Prophet, der sich vermessen sollte, in meinem Namen ein Wort zu reden, das ich ihm nicht befohlen habe zu reden, oder der im Namen anderer Götter reden wird: dieser Prophet muss sterben. Und wenn du in deinem Herzen sagst: „Wie sollen wir das Wort erkennen, das nicht der HERR geredet hat?", wenn der Prophet im Namen des HERRN redet, und das Wort geschieht nicht und trifft nicht ein, so ist das das Wort, das nicht der HERR geredet hat. In Vermessenheit hat der Prophet es geredet; du brauchst dich nicht vor ihm zu fürchten* (5 Mo 18,20-22).

Ich bin nicht der Meinung, dass wir eine Hexenjagd gegen diese falschen Propheten betreiben, sondern nur, dass wir ihnen einfach nicht mehr länger zuhören und ihnen ihre Zuhörerschaft wegnehmen. Diese Leute haben sich alle möglichen Ausreden einfallen lassen, weshalb dieses oder jenes nicht passierte: Sie würden im Prophetischen noch wachsen usw. Es tut mir leid, aber diese Ausreden sind einfach nicht stichhaltig, sie stimmen nicht mit der Bibel überein und sollten zurückgewiesen werden. Dies sind Leute, die die Gemeinde nach ihren eigenen Vorstellungen bauen wollen. Die Bibel nennt das Nichtigkeit und erklärt, dass der Herr derjenige ist, der das Haus bauen sollte. *Wenn der HERR das Haus nicht baut, arbeiten seine Erbauer vergebens daran* (Psalm 127,1a). Vielleicht denkst du jetzt, dass ich mit diesen Aposteln und Propheten zu hart umgehe, aber lass mich dazu eine Geschichte erzählen.

Vor einigen Jahren kam eine Person auf mich zu, die mit vielen in der charismatischen Welt bekannten Namen zusammenarbeitet. Diese Person bot mir an, mich auf dem internationalen Konferenz-Reigen zu fördern, zusammen mit diesen großen Namen. Dazu gehörte die Zusage für mindestens 19 bezahlte Konferenzen pro Jahr mit einem Tagessatz von mindestens 3000 Dollar und einem interessanten Buchvertrag. Ich hätte die Bücher noch nicht einmal selbst schreiben müssen! Ihr Ghostwriter hätte das von meinen aufgezeichneten Vorträgen getan, und ich hätte trotzdem ein Honorar bekommen. Junge, war ich vielleicht versucht! Stell dir vor, ich hätte weitergeben können, was der Herr gerade zu mir sprach, und dabei in Spitzenhotels übernachten können. Sie hätten alle meine Ausgaben bezahlt, und ich hätte über 170 000 Dollar pro Jahr verdient und mich um nichts mehr sorgen müssen.

Die Versuchung dauerte gerade mal zehn Minuten. Dann fing ich an, Fragen zu stellen. Ja, sie wollten mich benutzen. Ja, sie wollten Zugriff auf meine Adresskartei. Ja, es gab einige Themen, die ich lehrte, von denen sie der Meinung waren, ich solle sie nicht lehren usw. Bald wurde mir klar, dass ich für sie und nicht mehr für den Herrn arbeiten würde, und deshalb sagte ich nein. Ich wollte meine Seele ~~dem Teufel~~ diesen Leuten nicht für ein Linsengericht verkaufen. Und aus diesem Grund reise ich nun auf eigene Kosten, lebe von dem bisschen, was mir gege-

ben ist, und den Opfergaben einiger Weniger, bin aber fröhlich in meinem Wandel mit dem Herrn.

In kleinerem Umfang finden wir selbsternannte Leiter auf jeder Ebene. Sie drängen sich in allen Situationen in eine Leitungsposition hinein. Man findet sie in allen Internet-Blogs, sie bieten ihre Dienste allen und jedem an. Ich habe von zwei oder drei Vorkommnissen gehört, wo solche lokale Apostel versucht haben, ihren Dienst anderen lokalen Leitern zu verkaufen. Glücklicherweise sind die lokalen Leiter aber oft wachsam genug und schicken sie fort. Doch dann fangen sie eine neue Webseite an, bieten wieder andere Seminare an und verbringen noch mehr Zeit damit, ihre Präsentationen neu zu verpacken.

Sage ich damit, dass es heute überhaupt keine Apostel und Propheten gibt? Keinesfalls. Es ist nur einfach so, dass die Apostel und Propheten, die es gibt, viel zu sehr damit beschäftigt sind, die Arbeit zu tun, als ihre Zeit zu verschwenden, dem Ruhm nachzujagen. In der Vergangenheit hatte ich das Vorrecht, mit vielen apostolischen Leitern zusammenzuarbeiten, echten apostolischen Vätern für die Gemeinde, die wirkliche Geschenke an die gesamte Gemeinde sind. In gleicher Weise kenne ich viele echte Propheten und habe mit ihnen zusammengearbeitet, Leute mit einem beeindruckenden Ruf, was sowohl Demut als auch Genauigkeit angeht. Sie sind allerdings fast unbekannt. Und das nicht, weil sie nichts zu sagen hätten, sondern eher, weil sie nur die Worte, die Gott zu ihnen spricht, weitergeben, und auch nur zu den Zeitpunkten und zu den Menschen, die er ihnen zeigt. Weder suchen noch brauchen sie ein Podium. Gibt es also noch irgendwelche Hindernisse, die diese Männer Gottes davon abhalten, ihren Auftrag zu erfüllen?

Ich möchte dazu auf verschiedene Bereiche hinweisen: Der erste ist die Angst vor Vertrautheit und Intimität. Im Zuge dessen, dass wir uns von den institutionellen Kirchen und Gemeinden hin zu den eher organischen Formen von Gemeinde bewegen, wird uns immer stärker bewusst, wie verletzlich wir in unseren kleinen, vertrauteren Gruppen sind. In den kleinen Gruppen akzeptieren wir, dass diese Verletzlichkeit ein wesentlicher Teil der Verantwortung innerhalb der Gruppe ist, ein Maß unserer Liebe füreinander. Aber es fällt uns vielleicht nicht so leicht, diese Verletzlichkeit mit denen zu teilen, die nicht zur Gruppe gehören, obwohl es eigentlich keinen Grund dafür gibt.

Eine zweite Art von Angst hält uns davon ab, weniger bekannte Dienste zu empfangen. Hier besteht die Gefahr, dass wir die guten Dinge, die uns der Herr durch sie schenken möchte, verpassen.

Das führt uns natürlicherweise zum nächsten Punkt, der Angst vor Wölfen. Interessanterweise haben alle Schreiber der Briefe des Neuen Testaments eine Menge über Wölfe zu sagen. Warum ist das so? Ich glaube, es liegt daran, dass die frühen Christen ermutigt wurden, wirklich offen allen Brüdern gegenüber zu sein, und alle aufzunehmen, die zu ihnen kamen. Zu dem Zeitpunkt, als die „Didache", das früheste christliche Jüngerschafts-Handbuch geschrieben wurde (manche glauben, dass es mit dem in Apostelgeschichte 15 erwähnten Brief der Apostel seinen Anfang nahm), erkennen wir schon klare Anweisungen, wie man falsche Apostel und Propheten erkennen kann.

Wie unterscheiden wir also heute das Gute vom Bösen, das Echte vom Falschen? Ich sehe ganz deutlich sechs Dinge, auf die wir achten müssen:

1. Das erste ist eine Gesinnung/Geisteshaltung, wie Jesus sie hatte. Ist im Leben dieser Person die Gegenwart Jesu erkennbar? Ich meine damit nicht: Ist sie vollkommen?, sondern etwas, das eine Gruppe von Nonnen, die ich einmal besuchte, sehr klar zum Ausdruck brachte. Ich hatte sie besucht, um ihnen zu dienen, und gab mir Mühe, ihnen die guten Dinge weiterzugeben, die Gott mir für sie gegeben hatte. Am Ende des Wochenendes sagte ich ihnen, wie sehr ich mich bei ihnen zuhause gefühlt hätte. „Nun", sagte die Leiterin, die schon etwas älter war, „du musst verstehen, dass du Christus für uns bist, wie hätten wir weniger tun können?" Obwohl ich ein unwürdiges Gefäß war, sahen sie Christus in allem, was ich ihnen weitergab (nicht nur meine Worte, sondern auch meine Freundschaft und mein Leben).

2. Sind sie echte Diener, oder wollen sie über euch herrschen (vgl. Phil 2,6.7)?

3. Fordern sie, dass sie gehört werden, und bestehen sie auf ihrer Autorität?

4. Fordern sie Opfer oder Unterstützung, oder dienen sie freiwillig? Hier möchte ich klarstellen, dass die Bibel lehrt, dass jene, die der Gemeinde wirklich dienen, von denen unterstützt werden sollen, denen sie dienen. Selbst Sklaven werden von ihren Herren mit Essen, Kleidung und Unterkunft versorgt. Die Bibel befiehlt uns, dem Fremden Essen und Unterkunft zu geben. Wir sollten die Diener, die uns der Herr gibt, nicht geringer behandeln. Wenn sie allerdings selbsternannte Schmarotzer sind, sagt die Bibel klar, dass diejenigen, die nicht arbeiten, auch nicht essen sollen.

5. Versuchen sie, bestimmte Situationen zu kontrollieren und zu manipulieren, um sich dadurch einen Vorteil zu verschaffen oder ihre eigene Vision zu unterstützen? Echte Leiter werden dich immer ermutigen, Christus zu folgen und nicht ihnen.

6. Übernehmen sie Verantwortung für dich, oder ermutigen sie dich, dem Herrn gegenüber verantwortlich zu leben?

All dies sind riesige Alarmglocken, und wenn du eine davon läuten hörst, dann sieh zu, dass du aus dieser Situation herauskommst. Sei aber vorsichtig, dass du die Situation nicht falsch beurteilst. Frage den Herrn, bevor du einfach von etwas weggehst, was lediglich der Platz sein könnte, an dem Gott dich segnen will.

Um dies zu verdeutlichen, möchte ich eine Geschichte erzählen: Ein Christ, der gerade anfing, in der Gabe der Prophetie zu wirken, teilte einer Hausgemeinde vor Ort ein Wort mit. Nachdem er dies getan hatte, schlug einer der Leiter vor, die Gruppe solle sich etwas Zeit nehmen, um das Wort zu prüfen. Die Brüder und Schwestern dort hatten dann den Eindruck, das Wort sei im Großen und Ganzen richtig und vom Herrn, aber ein kleiner Teil davon sei falsch. Der Bruder, der das Wort gebracht hatte, ging daraufhin weg und sagte, die Person, die vorgeschlagen habe, die Prophetie zu prüfen, sei herrschsüchtig und habe versucht, ihn zu manipulieren und zu kontrollieren. Dabei entging ihm, dass die Gemeinde durch das Prüfen der Prophetie einfach nur eine biblische Notwendigkeit ausgeführt hatte. Dadurch, dass er der Gruppe nicht zugehört hatte, ließ er nicht nur seine eigene Arroganz erkennen, sondern verpasste auch die Chance, von dieser

Gruppe in seiner Gabe bestätigt zu werden und darin zu wachsen. Wenn der Herr jedoch die Alarmglocken bestätigt, dann solltest du nicht zurückschauen, sondern diese Situation einfach verlassen. Ich kenne viel zu viele Leute, die leiden, weil sie durch jahrelangen geistlichen Missbrauch durch Wölfe im Schafspelz zermalmt worden sind.

Wie können wir also echte apostolische Dienste erkennen? Damit meine ich alle Dienste, die in Epheser 4,11 erwähnt werden, also Apostel, Propheten, Evangelisten, Hirten und Lehrer. Ein guter Freund von mir sagte mir einmal: „Dein Dienst ist, was du gerne tust und was du von deinem Wesen her einfach bist." Ich gehe folgendermaßen vor, um die verschiedenen Dienste zu erkennen: Leute, die wie Paulus vom Heiligen Geist getrieben sind und von der Freude, die Jesus in sie hineinlegt, das größere Bild zu sehen, sind die Apostel. Diejenigen, die das Wort Gottes erkennen und weitergeben, sind die Propheten; diejenigen, die andere für Christus gewinnen, sind Evangelisten; diejenigen, die sich um die Herde kümmern, sind Hirten, und schließlich diejenigen, die die Gläubigen ausbilden und zurüsten, sehe ich als Lehrer. Das sind alles Leute, die diese Dinge einfach nicht lassen können, selbst wenn sie es versuchen würden. Haben sie außerdem noch eine wahre demütige und Christus-ähnliche Haltung, dann, glaube ich, könnte es sich um einen echten apostolischen Dienst handeln.

Die Frage ist: Wie viel Autorität haben solche Dienste? Richtig ist, dass diese Dienste keine Ämter sind, mit denen eine bestimmte Autorität verbunden ist, sondern Geschenke an die Gemeinde zum Nutzen der Gemeinde. Ich glaube, dass diese Dienste der Gemeinde gegeben sind, um ihr zu helfen. Wir müssen nicht auf sie hören oder tun, was sie sagen. Aber wie wollen wir dann von ihnen profitieren? Paulus beschrieb einmal sich selbst und diejenigen, die mit ihm waren, als den Abschaum der Erde. Dies war zum einen ein Hinweis auf seine Demut, zum anderen aber auch darauf, wie manche apostolischen Dienste behandelt werden.

Wie sehr lieben wir doch die Superstars, die Super-Apostel, die unsere Flugzeuge, Buchläden und Konferenzhallen füllen, ihren Zirkus, ihre teuren Anzüge, tollen Präsentationen und feinen Worte, mit denen sie unsere Herzen gewinnen wollen. Die echten Apostel aber werden oft ignoriert, und die echten Propheten werden nicht gehört, und es ist nicht angenehm, in ihrer Nähe zu sein. Echte Evangelisten arbeiten oft ohne Dank und schreien täglich für ihre neugewonnenen Jünger zu Gott, weil sie nicht wissen, wo sie sie hinschicken sollen, wo sie sicher in Christus aufwachsen können. Echte Pastoren und Lehrer finden wir oft verborgen oder frustriert in den traditionellen Kirchensystemen. Aber alle diese Diener würden sich gerne als Abschaum der Erde beschreiben, weil sie wissen, dass ihre Rolle die ist, ein Niemand zu sein, damit unser Herr in ihnen seine Ehre empfangen kann.

KAPITEL 8

Die letzte und große Erweckung?

Heute ist sehr viel von Erweckung die Rede. Auf der ganzen Welt scheint die Gemeinde jeder neuen Mode oder Verrücktheit hinterherzurennen. Jede neue Bewegung wird als Erweckung angepriesen, und doch bezweifle ich stark, dass vieles von dem, was wir heute sehen, Leute, die eine echte Erweckung erlebt haben, beeindrucken würde.

Ich kann mich noch gut an eine ältere Frau erinnern, die als Kind die Erweckung in Wales miterlebt hatte. Sie sagte mir, Erweckung sei nicht nur ein erstaunliches Ereignis, sondern etwas, was man in seinem Herzen jeden Tag empfängt, während man der Sünde stirbt und sich Christus zuwendet, damit er in uns lebt. Heute ist es oft so, dass wir schon von Erweckung reden, wenn es ein paar aufregende Veranstaltungen gibt, insbesondere wenn dabei Manifestationen oder angebliche Heilungen auftreten. Dabei ist dies doch in Wirklichkeit entweder das normale christliche Leben – und sollte auch als solches angesehen werden – oder ein übertriebener christlicher Rummel.

In meinem eigenen Leben hatte ich das Vorrecht, drei Erweckungssituationen mitzuerleben. Jede davon entsprach dem Muster, das wir nicht nur in der Geschichte sehen, sondern auch in der Bibel. Es gab eine klare Verkündigung des Evangeliums, eine tiefe Buße (die die Leute für den Rest ihres Lebens veränderte), es gab oft Zeichen und Wunder (allerdings begleiteten diese das Predigen des Wortes und waren nicht das Hauptereignis, wie es heute so oft der Fall ist) und die Gemeinde wuchs, dadurch, dass diejenigen, die Buße taten, zum Glauben kamen. Wir müssen aufpassen, dass wir nicht alles Neue im christlichen Lager als Erweckung titulieren oder es gar unkritisch mitmachen. Wir müssen im Licht der Bibel jede neue Bewegung prüfen, das Gute behalten und das, was nicht mit Gottes Wort übereinstimmt, ablehnen.

Eine der größten Bewegungen Gottes in Amerika war die so genannte Cane-Ridge-Erweckung. Bei diesen Veranstaltungen im Freien kamen Tausende zum Glauben und erlebten eine tiefe Umkehr von ihrem bisherigen Leben. Allerdings traten während der Treffen einige Male seltsame Manifestationen auf. Unter großer Weisheit setzten die Leiter jener Treffen diesen Manifestationen einen Dämpfer auf und sagten, es komme auf das Wort Gottes und die Überführung des Heiligen Geistes an und nicht auf solche emotionalen Reaktionen.

Andere große Erweckungsprediger wie John und Charles Wesley, Charles Finney und William Booth erlebten in ihren Veranstaltungen ebenfalls seltsame Manifestationen. Aber nie betonten sie diese, sondern das Wort Gottes und die Notwendigkeit, dass die Leute sich Gott zuwandten. Was mir heute Sorgen bereitet, ist, dass die Manifestationen so stark betont werden. Als Psychologe habe ich den Eindruck, dass viele dieser Manifestationen natürliche emotionale Reaktionen auf die Nähe Gottes sind, was nicht unbedingt eine schlechte Sache ist. Doch häufig werden diese Manifestationen von Leuten als Beweis für die Richtigkeit seltsamer Lehren benutzt, die keinesfalls biblisch sind. In den vergangenen Jahren gehörten dazu unbiblische Lehren über Engel und geistlichen Kampf, über Astralreisen und Visualisierungen. Ich habe auch erlebt, dass einige Leute psychologische Methoden anwandten, um dadurch Manifestationen hervorzurufen, sodass sie hinterher sagen konnten, diese Manifestationen würden die Richtigkeit ihrer Lehre beweisen. Ich möchte an dieser Stelle vorsichtig sagen, dass ich nicht grundsätzlich gegen Manifestationen in christlichen Treffen bin, dass wir aber erkennen müssen, dass sie aus vier verschiedenen Quellen stammen:

Viele sind echte Manifestationen des Heiligen Geistes. Es ist nicht ungewöhnlich, dass Leute, die eine tiefe Begegnung mit Gott haben, umfallen, als habe alle Stärke ihren Körper verlassen. Wir sehen das im Alten Testament bei Daniel und im Neuen Testament im Garten Gethsemane, als Jesus seine Göttlichkeit offenbarte und eine große Gruppe von Soldaten zu Boden fiel.

Daneben gibt es jene drei großen Feinde des Menschen, die ebenfalls Manifestationen hervorrufen. Zuerst die Welt. Damit meine ich Leute, die psychologische, hypnotische und NLP-Methoden benutzen, um in gewisser Weise ihre Dienste zu bestätigen. Wenn der Heilige Geist bewirkt, dass jemand umfällt, ist das eine Sache, aber wenn der Mensch das Gleiche tut, ist das eine Straftat und hat sicherlich nichts mit Gott zu tun.

Der zweite Bereich ist der des Fleisches. Ich habe bereits gesagt, dass viele Leute emotional auf die Gegenwart Gottes reagieren. Das ist an sich nichts Schlechtes, wenn dabei die Gefühle nicht wichtiger werden als die Tatsache der Gegenwart Gottes. Einige Leute versuchen die Gegenwart Gottes zu manipulieren, indem sie ihren eigenen emotionalen Zustand manipulieren. Zum Beispiel gibt es Leute, die lehren, man müsse, um Gott nahezukommen, etwas tun, wie z. B. sich auf den Boden legen, als sei man bewusstlos, als sei man durch den Heiligen Geist beeinflusst. Sie lehren, der Heilige Geist werde dann zu einem kommen. Aber das kann ich leider nicht so sehen. Das ist doch nur ein Versuch, Gott zu manipulieren. Wir wissen von vielen anderen Leuten, die in christlichen Veranstaltungen scheinbar eine Manifestation haben, weil sie glauben, man empfinge auf diese Weise etwas von Gott. Manche tun dies bewusst, andere unbewusst. Ich bete, dass sie sehr bald die Wahrheit der Gegenwart Gottes in ihrem Leben finden, damit sie ihre Emotionen nicht aufpeitschen müssen.

Der dritte Bereich ist der Teufel und seine Genossen. Dämonen kopieren gerne die Dinge Gottes und entweihen sie dadurch, sodass die Leute denken, die Dinge Gottes sein albern oder bedeutungslos. Wir haben schon so oft erlebt, dass sich Dämonen in christlichen Veranstaltungen manifestiert haben. Haben die Leiter der Veranstaltung eine echte Unterscheidungsgabe, gehen sie mit den Dämonen richtig um und treiben sie einfach aus. Leider scheint die Gabe der echten Unterscheidung in der Gemeinde heute sehr rar zu sein.

Vielleicht hast du den Eindruck, dass ich in diesen letzten drei Absätzen in meinen Aussagen sehr hart war, aber einer der heute weltweit bekanntesten charismatischen Leiter sagte in einer öffentlichen Veranstaltung, die ich besuchte, lediglich 30 % der Manifestationen in diesen Veranstaltungen seien von Gott. Er sagte, vielleicht weitere 40 % seien Manifestationen des Fleisches der Personen, und zwischen 20 und 30 % dämonische Manifestationen. Als ich ihn fragte, ob er mit dieser Situation zufrieden sei, war er mit mir der Meinung, dass man damit nicht zufrieden sein könne. Er sagte aber, er könne wenig tun, um die Situation zu ändern.

Ich weiß nicht, wie es dir geht, aber ich möchte 100 % von Jesus haben. Ich bin nicht nur an 30 % von Jesus interessiert. Ich bin ganz bestimmt nicht an den 40 % des Fleisches in unseren christlichen Veranstaltungen interessiert, und die Dämonen möchte ich überhaupt nicht haben! Die Bibel sagt sehr klar, wie wir mit diesen drei Feinden umgehen sollen: Wir sterben der Welt, wir kreuzigen das Fleisch, und wir widerstehen dem Teufel, damit er von uns flieht. Wir akzeptieren diese Dinge in unseren Treffen nicht.

Gibt es also noch Hoffnung, dass wir in unseren Tagen Erweckung erleben werden? Wir sind der Wiederkunft des Herrn näher als je zuvor. Bevor er kommt, glaube ich, dass seine Gnade auf die ganze Erde ausgegossen wird. Diese Gnade wird sich in einer echten Erweckung manifestieren. Viele haben in großen Veranstaltungen nach Erweckung gesucht, bei denen in Wahrheit nur die Ohren der Christen gekitzelt wurden und die wenig oder keine Auswirkung auf die Welt hatten.

Wie wird also die kommende Erweckung aussehen? Ich weiß es wirklich nicht. Einige haben über Straßenerweckung geredet, andere glauben, dass es eher Veranstaltungen wie bei Billy Graham sein werden. Ich persönlich glaube, dass Gott die Leute in kleine Gruppen zurückführt. Der Grund dafür ist, dass wir so am besten fähig sind, mit unseren Nachbarn, unseren Arbeitskollegen, unseren Schulfreunden, den Leuten in unserem Sportverein oder sogar denen, die uns in den Läden bedienen, zu reden. Einen Teil meines Lebens habe ich als Evangelisationsredner verbracht und zu großen Menschenmengen gepredigt. Viele Leute kamen nach vorne, um Christus zu bekennen, aber wenn wir dann später wieder in dieselbe Gegend zurückkamen, konnten wir nur noch wenige von diesen Leuten finden. Die meisten Evangelisationsprediger, die ehrlich sind, sagen, dass 80–95 % ihrer Bekehrten innerhalb der ersten sechs Monate wieder vom Glauben abfallen. Vielleicht denkst du, diese Statistiken seien in gewisser Weise gefälscht, aber Tatsache ist, dass fast alle Evangelisationsprediger damit übereinstimmen.

Demgegenüber sind mir nur wenige Leute bekannt, die im Umfeld eines kleinen Treffens oder einer Hausgemeinde zu Christus fanden und später ihren Glauben wieder abgelegt haben. Dies zeigt mir, dass die kommende Erweckung von diesen Hunderttausenden von Christen auf der ganzen Welt profitieren wird, die die traditionellen oder institutionellen Formen der Christenheit verlassen haben zugunsten einer beziehungsorientierteren Gemeinschaft in den Häusern. Ich glaube ernsthaft, dass die nächste Erweckung, die die Welt verändern wird, eine Erweckung der einfachen Leute sein wird, die das Evangelium jedem in ihrem Umfeld weitergeben. Der Schlüssel zu dieser Erweckung wird das Zeugnis einfacher Gläubiger sein, die darüber reden, wie Gott ihnen in ihrer Not begegnet ist.

Es ist wirklich eine gute Nachricht, dass Gott uns gerade am Punkt unserer Not begegnet. Oft weise ich Leute auf die schon einmal zitierten Verse aus Psalm 40 hin:

Beharrlich habe ich auf den HERRN geharrt, und er hat sich zu mir geneigt und mein Schreien gehört. Er hat mich heraufgeholt aus der Grube des Verderbens, aus Schlick [und] Schlamm; und er hat meine Füße auf Felsen gestellt, meine Schritte fest gemacht. Und in meinen Mund hat er ein neues Lied gelegt, einen Lobgesang auf unseren Gott. Viele werden es sehen und sich fürchten und auf den HERRN vertrauen (Ps 40,2-4).

Es ist Gott, der den Schrei unseres Herzens hört; es ist Gott, der sich nach uns ausstreckt und uns aus unserer verzweifelten Situation herausholt; es ist Gott, der uns reinigt und unsere Füße auf den rechten Weg führt. In unserer Freude über unsere Errettung möchten wir singen. Aber selbst dann sind unsere Lieder nicht gut genug, und deshalb legt er ein neues Lied in unseren Mund. Und für mich ist das der wirklich coole Teil, dass andere Leute dieses Lied hören, sie sehen sein Werk in unserem Leben und fangen dann ebenfalls an, an diesen Gott zu glauben und ihn zu fürchten. Das ist echte Erweckung! Es ist eine Erweckung, die zur Umkehr führt, eine Erweckung, die auf Gottes Wort gegründet ist und auf die Verkündigung dieses Wortes. Es ist eine Erweckung, die von Zeichen seiner Herrlichkeit begleitet wird, und ich glaube, dass Millionen gerettet werden. Nicht in großen Veranstaltungen, sondern wenn wir mit unseren Freunden, Nachbarn und Arbeitskollegen sprechen.

Jesus kommt bald! Das ist die Wahrheit; wir müssen sie nur bekanntmachen.

Kontakt:

Keith & Jeanne Smith
E-Mail: hcinfo@healingcommunities.org
www.healingcommunities.org

Weitere Produkte von GloryWorld-Medien

Larry Kreider
Authentisches geistliches Mentoring

Anderen helfen, im Glauben zu reifen
240 Seiten, Paperback

Es ist kein Geheimnis, dass es einen großen Bedarf an geistlichen Vätern und Müttern gibt, die Mentoren für jüngere Christen sein können, um diese für ihr Leben und ihre Berufung zuzurüsten.

Mit diesem praktischen Handbuch gibt uns Larry Kreider, ein weltweit anerkannter Mentor und Trainer christlicher Leiter, bewährte biblische Prinzipien an die Hand, sodass Mentor-Beziehungen gelingen.

Er stellt insbesondere das Mentoring-Modell Jesu vor und zeigt auf, wie wir dieses in unserer geistlichen Familie anwenden können. Ob Sie nun einen geistlichen Mentor suchen oder einer werden wollen – dieses Buch ist gleichermaßen für Sie geeignet!

Neil Cole, Organische Gemeinde

Wenn sich das Reich Gottes ganz natürlich ausbreitet
288 Seiten, gebunden

Wie wäre es, wenn Gemeinden auf organische Weise entstünden, wie kleine geistliche Familien, aus dem Boden der Verlorenheit geboren, weil hier der Samen Gottes ausgesät wurde? Genau dies erlebte Neil Cole, nachdem er anfing umzusetzen, was Jesus selbst zum Thema Gemeinde lehrte.

Innerhalb von sechs Jahren entstanden 800 Gemeinden in 32 Ländern. Diese Gemeinden treffen sich u.a. in Privathäusern, Restaurants, Cafés, Büros oder Parks, an Hochschulen, Schulen oder Stränden. In diesem Buch fasst er seine Erkenntnisse zusammen: Welche Sicht hatte Jesus selbst von der Gemeinde? / Die organische Natur des Reiches Gottes / Der genetische Aufbau des Leibes Christi / Jesu Strategie, sein Reich auszubreiten / Unsere hohe Berufung, an Gottes Plan mitzuwirken.

Felicity Dale
Gesunder Start für Hauskirchen

Ein praxisorientiertes Handbuch
für einfache Gemeinden

140 Seiten, Großformat-Paperback

Wer sich in Richtung einfache Gemeinde aufmacht, wird häufig feststellen, dass von der Theorie zur Praxis und vom Wunsch zur Wirklichkeit ein weiter Weg liegt.

Felicity Dale fasst in diesem Handbuch ihre eigene langjährige Erfahrung im Gründen, Führen und Begleiten von Hauskirchen zusammen und lässt außerdem die erfahrensten Hauskirchenpraktiker zu Wort kommen. Somit entsteht ein ganzheitliches Bild der diversen Aspekte, die das Gelingen einfacher Gemeinden ausmachen.

Wayne Jacobsen & Clay Jacobsen
Authentische Beziehungen

Die verlorene Kunst des Miteinanders
160 Seiten, Paperback

Die Liebe der ersten Christen untereinander war sprichwörtlich. Ihr Miteinander und ihre Ausstrahlung waren ihr größtes Zeugnis.

Heute sind echte und tiefe Beziehungen zu Einzelnen und in der Gemeinde rar geworden. Wir haben die Kunst, solche Beziehungen aufzubauen, verlernt oder sind nicht bereit, die entsprechenden Kosten auf uns zu nehmen. Die Folge ist, dass unser Zeugnis nach außen schwach ist und dass viele in den Gemeinden unter Einsamkeit und oberflächlichen Beziehungen leiden.

Die Autoren erläutern, welches Modell für liebevolle, ermutigende und authentische Beziehungen wir im Neuen Testament finden, und zeigen anhand praktischer Beispiele, wie wir zu solchen Beziehungen kommen und sie pflegen können.

Bestellen Sie in Ihrer Buchhandlung oder direkt beim Verlag:

GloryWorld-Medien | Postfach 4170 | D-76625 Bruchsal
Fon: 07257-903396 | Fax: 07257-903398 | info@gloryworld.de

Aktuelles, Leseproben, Downloads & Shop: **www.gloryworld.de**